The Classic Sermon 15
# 고전 설교 BEST 15

모든 인간은 하나님의 형상을 닮은 존엄한 존재입니다. 전 세계의 모든 사람들은 인종, 민족, 피부색, 문화, 언어에 관계없이 존귀합니다. 예영커뮤니케이션은 이러한 정신에 근거해 모든 인간이 존귀한 삶을 사는 데 필요한 지식과 문화를 예수 그리스도의 사랑으로 보급함으로써 우리가 속한 사회에 기여하고자 합니다.

The Classic Sermon 15
## 고전 설교 BEST 15

초판 1쇄 펴낸 날 · 2005년 8월 5일 | 초판 2쇄 펴낸 날 · 2005년 10월 14일

**지은이** · 김은철 | **펴낸이** · 김승태

**편집장** · 김은주 | **편집** · 박지영, 권소용 | **디자인** · 김규혜, 이승희
**영업본부장** · 오상섭 | **영업** · 변미영, 장완철 | **제작** · 한정수
**홍보** · 주진호 | **드림빌더스** · 박지연 | **물류** · 조용환, 정경호

**등록번호** · 제2-1349호(1992. 3. 31.) | **펴낸 곳** · 예영커뮤니케이션
**주소** · (110-616) 서울 광화문우체국 사서함 1661호 | **홈페이지** www.jeyoung.com
**출판유통사업부** · T. (02)766-7912 F. (02)766-8934 e-mail: jeyoungsales@chol.com
**출판사업부** · T. (02)766-8931 F. (02)766-8934 e-mail: jeyoungedit@chol.com

ISBN 89-8350-360-2 03230
copyright ⓒ 2005, 김은철

## 값 9,000원

■ 본 서적의 인물명은 외래어 표기법에 준하여 편집하였습니다.
■ 잘못 만들어진 책은 언제든지 교환해 드립니다.

The Classic Sermon 15
# 고전 설교 BEST 15

●

김은철 지음

예영커뮤니케이션

## 머리말

　한국 개신교의 괄목할 만한 성장은 20세기 세계 기독교사의 놀라움 그 자체였습니다. 1910년 영국 에든버러에서 열린 제1회 '세계선교대회(WMC)'에서도 한국 교회의 성장은 근대사에 있어서 놀라운 업적이라고 보고했습니다. 그뿐 아니라, 《선교국제저널》(IRM) 창간호(1912)에서는 한국 교회 성장에 대한 여러 각도의 분석 자료를 보고함으로 세계 각국에 파송된 선교사들에게 도전을 주기도 했습니다. 일찍이 복음 전도와 영혼 구원을 위해 자국을 떠나 한국으로 선교하러 왔던 많은 선교사들도 이구동성으로 한국 교회 부흥에 대하여 찬사를 아끼지 않았습니다. 이와 같은 성장이 가능했던 것은 외국 선교사들과 우리 신앙 선배들의 헌신적인 희생이 있었기 때문입니다. 세계 50대 교회 중 30대 교회 및 대형 교회들, 복음의 다양성을 나타내는 수많은 다른 교단의 신학교들, 복음의 빛을 갚는 해외 선교 교회들, 그리고 그 밖에 여러 형태의 선교 단체들은 하나님의 은혜로 이루어진 결과이며 또한 하나님의 사랑을 실현하는 도구이기도 합니다.

120년 만에 한국 교회의 위상이 이렇게 달라질 수 있었던 원동력은 온전히 복음에 있습니다. 21세기를 맞아 이제는 한국 교회가 온 세계 복음 전파를 위한 지상명령에 한 차원 높은 헌신과 열정을 쏟아야 할 때입니다. 특별히 세계 각국으로 나아가기 위해 영어 설교를 더욱더 준비하여 영성이 충만한 메시지를 전달할 수 있도록 해야 할 것입니다.

『고전설교 Best 15』는 옛 믿음의 거장들이 남긴 영적 양식을 섭취하는 좋은 기회를 줄 것입니다. 간결하면서 품격 있는 표현법을 익히게 되면 수준 있는 영어 설교를 할 수 있을 것입니다. 아울러 수년 전, 틈틈이 인덱스카드나 노트에 써 놓은 것을 편집하여 출판했던 『당신도 영어로 설교 할 수 있다』, 『당신도 영어로 전도할 수 있다』, 『당신도 영어로 기도할 수 있다』 이 세 권의 책도 영어 설교에 큰 도움이 될 것입니다. 목사님, 신학생, 선교사와 선교사 지망생, 그리고 평신도들에게 영성 충만을 돕는데 필요한 설교집이라고 믿습니다.

2005년 7월
김은철 목사

# 차례

1. **Vanity of Vanities, All is Vanity (Ecclesiastes 1:2)** | 9
   헛되고 헛되며 모든 것이 헛되도다 (전도서 1:2)
   John Chrysostom | 존 크리소스톰

2. **Sermon Preached to Emperor Theodosius (Luke 7:36-50)** | 23
   황제 데오도시우스에게 전한 설교 (누가복음 7:36-50)
   St. Ambrose | 성암브로스

3. **Jesus Heals a Man Born Blind (John 9:1-12)** | 41
   예수께서 소경을 고치심 (요한복음 9:1-12)
   St. Augustine | 성어거스틴

4. **The Fruits of Faith (Romans 12:1-6)** | 49
   믿음의 열매 (로마서 12:1-6)
   Martin Luther | 마틴 루터

5. **Born of God (John 1:13)** | 73
   하나님께로부터 난 자 (요한복음 1:13)
   John Bunyan | 존 번연

6. **Christian Perfection (Philippians 3:12)** | 89
   그리스도인의 완전 (빌립보서 3:12)
   John Wesley | 존 웨슬리

7. **The Good Shepherd (John 10:27-28)** | 105
   선한 목자 (요한복음 10:27-28)
   George Whitefield | 조지 휫필드

8. **The Nature of Love to Christ (1 Corinthians 16:22)** | 125
   그리스도를 향한 사랑의 본질 (고린도전서 16:22)
   Devereux Jarratt | 데베레옥스 자래트

9. **How to Change Your Heart (Ezekiel 18:31)** | 141
   어떻게 마음을 변화시킬 것인가? (에스겔 18:31)
   Charles Finney | 찰스 피니

10. **Peace, Be Still (Mark 4:35-39)** | 157
    잠잠하라, 고요하라 (마가복음 4:35-39)
    Henry Ward Beecher | 헨리 워드 비처

11. **On Being Born again (John 3:3)** | 171
    거듭남에 관하여 (요한복음 3:3)
    Dwight Lyman Moody | 드와이트 라이먼 무디

12. **The Most Wonderful Sentence Ever Written (John 3:16)** | 191
    지금까지 쓰여진 가장 놀라운 말씀 (요한복음 3:16)
    Reuben Archer Torrey | 루벤 아처 토레이

13. **Food for a Hungry World (Matthew 14:16)** | 207
    굶주린 세상을 위한 양식 (마태복음14:16)
    Billy Sunday | 빌리 선데이

14. **Sinners in the Hands of an Angry God (Deuteronomy 32:35)** | 227
    진노하시는 하나님의 손에 있는 죄인들 (신명기 32:35)
    Jonathan Edwards | 조나단 에드워즈

15. **Justification by Faith (Romans 5:1)** | 237
    이신칭의 (로마서 5:1)
    Charles H. Spurgeon | 찰스 스펄전

# 1. Vanity of Vanities, All is Vanity (Ecclesiastes 1:2)
## 헛되고 헛되며 모든 것이 헛되도다 (전도서 1:2)

**John Chrysostom** | 존 크리소스톰

존크리소스톰(AD 347-407)은 그의 위대한 설교로 인해 '황금의 입'이라는 별명을 가지고 있었다. 그가 설교를 할 때마다 빈번하게 쏟아지는 박수갈채 때문에 종종 설교를 중단하기도 했다. 그는 백성들로부터 성자이자 교부로서 존경을 받았지만 권력가들의 나쁜 행실을 단호하게 질타하고 비판했기 때문에 어려운 일을 당하기도 했다. 크리소스톰은 398년에 그 당시 집정관인 유트로피우스(Eutropius)에 의해 동로마의 수도인 콘스탄티노플의 감독이 되었다. 유트로피우스는 노예 출신으로 후에 로마 황제 아카디우스(Arcadius)보다 더 실질적인 권력을 얻고자 음모를 꾸몄던 내시였다. 그는 스스로 집정관이라고 선언했지만, 군대 사령관이 쿠데타를 일으키고 콘스탄틴을 향해 진격할 때 패하고 말았다. 유트로피우스는 죽음의 공포로 떨며 교회당으로 피신했다. 이튿날 일요일에 많은 인파들이 크리소스톰의 설교를 듣기 위해 교회당으로 몰려들었다. 감독이 설교할 때 제단 벽에 기대어 있는 불쌍한 유트로피우스의 모습이 보였다. 감독은 설교를 시작했고, 유트로피우스에게 교회를 그의 평생 동안 은신처로 보장하겠다고 말했다. 그러나 유트로피우스는 사이프로로 도주하다가 도중에 붙잡혀 교수형에 처해졌다. 이 설교는 그가 교회에서 은신처로 머물고 있을 때 그를 위하여 탄원하는 마지막 설교였다.

"Vanity of vanities, all is vanity." this saying is always in season but more especially at the present time. Where are the brilliant surroundings of your consulship now? Where are the bright lights? Where is the dancing and the noise of dancers' feet, the banquets and the festivals? Where is the applause which greeted you in the city? They are gone all gone.

"헛되고 헛되며 모든 것이 헛됩니다." 이 말씀은 언제나 적절한 말이지만 특별히 지금 상황에서는 더욱 그렇습니다. 당신이 집정관으로 있었을 때 함께했던 똑똑한 수종자들은 지금 어디에 있습니까? 화려한 조명들은 어디에 있습니까? 춤추는 무예들의 발소리, 연회 잔치와 페스티벌은 어디에 있습니까? 당신을 환호하던 박수 소리는 지금 어디에 있습니까? 그들은 가버렸습니다. 모두 가버렸습니다.

A wind has blown upon the tree, bringing down all its leaves and showing it to us quite bare. So great has been the violence of the blast that it has strained every branches of the tree and threatens to tear it up by the roots. Where now are those who pretended to be your friends? Where are your drinking parties, and your suppers? Where is the swarm of parasites, and the wine that was poured out all day long, and all the dishes contrived by your cooks? Where are all the people who courted your influence, doing everything they could to win your favour?

바람이 나무에 세차게 불어와 모든 잎사귀들을 날려버리고 앙상한 가지만 남았습니다. 폭풍이 심하게 휘몰아치고 모든 가지가 꺾이고 뿌리까지 뽑히는 위기를 맞게 되었습니다. 당신의 친구로 자처하던 사람들은 지금 어디에 있습니까? 당신이 즐기던 술자리와 산해진미들은 어디에 있습니까? 수많은 식객들은 어디로 갔으며, 하루 종일 마셨던 포도주는 어디에 있으며, 요리사들이 정성스레 만든 음식들은 다 어디에 있습니까? 당신의 총애를 얻기 위해 온갖 일을 저지르면서까지 당신의 영향력을 얻고자 애쓰던 무리들은 모두 어디로 갔습니까?

They were all just visions of the night, and dreams which have vanished with the dawn. They were spring flowers, and when the spring was over they all withered. They were a shadow which has passed away. They were a smoke which has dispersed, bubbles which have burst, and cobwebs which have torn in pieces. That is why we can always sing this spiritual chant "Vanity of vanities, all is vanity."

그것은 그저 밤의 환상이었고, 새벽처럼 사라져 버릴 꿈이었습니다. 그것은 봄에 피는 꽃처럼 봄과 함께 모두 시들어 버렸습니다. 그것은 지나가 버린 그늘이었습니다. 그것은 사라져 버린 연기였으며, 터져버린 물거품이었으며, 끊어져 버린 거미줄이었습니다. 그렇기 때문에 우리는 언제나 "헛되고 헛되며 모든 것이 헛되도다"라는 영적인 노래를 부를 수 있는 것입니다.

This saying should always be written on our wills, on our clothes, in

1. Vanity of Vanities, All is Vanity (Ecclesiastes 1:2)
헛되고 헛되며 모든 것이 헛되도다 (전도서 1:2)

the market place, and in the house, in the streets, on the door and the gate above all on the conscience of everyone. It must be a constant theme for meditation. Deceit, masks and pretence seem to many people to be the real thing. So everyone everyday, at breakfast and at supper, whenever he meets his neighbour should say to him and expect to hear in return: "Vanity of vanities, all is gone."

이 말씀은 우리의 의지에, 우리의 옷에, 시장과 거리에서, 집에서, 문과 대문에서, 무엇보다도 모든 사람의 양심에 기록되어야 합니다. 이 말씀은 우리의 묵상 가운데 늘 생각해야 할 주제입니다. 속이는 것, 겉치레, 가장하는 것들이 많은 사람들에게는 실제인 것처럼 보입니다. 그래서 우리는 매일 아침저녁마다 우리 자신에게 "헛되고 헛되며 모든 것이 헛되도다"라고 말해야 하며, 또한 이런 말을 듣는 것이 당연합니다.

Didn't I keep telling you, Eutropius, that wealth would run off? But you would not pay attention. Didn't I tell you that wealth was an ungrateful servant? But you would not be persuaded. Now you can see from experience that it has run a way from you, that it is an ungrateful servant. Not only that but a murderous one, bringing you now to tremble here in fear.

유트로피우스여, 내가 당신에게 "재물은 곧 달아나고 말 것입니다."라고 계속 말하지 않았습니까? 그러나 당신은 경청하지 않았습니다. 내가 당신에게 "재물은 배은망덕한 종입니다."라고 말하지 않았습니까? 그러나 당신은 듣지를 않았습니다. 이제 재물이 당신 곁을 떠났다는 사실과 그것이 배은망덕한 종이라는 사실을 경험을 통해 알게 되었을 것입니다. 그뿐 아니라 재물은 당신으로 하여금 지금 이곳에서 두려움에 전율케 하는 잔인한 종입니다.

When you kept criticising me for speaking the truth, did I not reply: "I love you better than the people who flatter you. I may reprove you, but I care more for you than the people who pay court to you." I said that a wound from a friend was more trustworthy than the kisses of enemies. If you had accepted a wound from me, their kisses would not have destroyed you. The wounds I offered were intended to bring you health; the kisses of those people have produced an incurable disease.

당신이 계속해서 나의 진실된 고언에 대해 비난할 때, 나는 "당신에게 아첨하려는 사람들보다 내가 더 당신을 사랑합니다. 비록 종종 당신의 잘못에 대해 책망하지만 당신의 총애를 얻기 위해 애쓰는 사람들보다 내가 더 당신을 좋아합니다."라고 대답하지 않았습니까? 나는 친구로부터 받은 상처가 적들의 입맞춤보다 더 믿을 수 있는 것이라고 말했습니다. 만일 당신이 나에게 받은 상처를 잘 수용했더라면 그들의 입맞춤이 당신을 망하게 하지는 않았을 것입니다. 내가 준 싱처는 당신에게 건강을 주려는 것이었는데, 그들의 입맞춤은 당신에게 불치병을 안겨다 주었습니다.

1. Vanity of Vanities, All is Vanity (Ecclesiastes 1:2)
헛되고 헛되며 모든 것이 헛되도다 (전도서 1:2)

Where now are the men who waited on you? Where are the men who cleared the way for you in the crowed street? Where are the people who praised you in everyone's hearing all the time? They are gone; they have dropped your friendship. I have not behaved like that. In your misfortune I am not leaving you alone.

당신을 수종들던 사람들은 지금 어디에 있습니까? 당신이 혼잡한 거리를 활보할 수 있도록 훤하게 길을 닦았던 사람들은 어디로 갔습니까? 늘 모든 사람들이 듣도록 당신을 칭송하던 사람들은 어디에 있습니까? 그들은 가버렸습니다. 그들은 당신의 우정을 버렸습니다. 하지만 나는 그렇게 하지 않았습니다. 불행 가운데 있는 당신을 홀로 두고 떠나지 않습니다.

Now you have fallen, I am still protecting you and looking after you. The Church that you treated as an enemy has accepted you into her shelter. All long, I kept asking: "Why do you do these things? You are provoking the Church and ruining yourself." You would have none of my warnings. And now the hippodrome have exhausted your wealth and encouraged people to take up arms against you. But the Church is energetically trying to get you out of the trap into which you have fallen.

당신은 비록 망했을지라도 나는 여전히 당신을 보호하고 돌보고 있습니다. 당신의 적으로 여겼던 교회는 당신을 받아들여 은신처를 제공하고 있습니다. 나는 계속해서 "당신은 왜 이런 일을 하십니까? 당신은 교회를 비난하고 있으며, 스스로를 망가뜨리고 있습니다"라고 말했습니다. 그러나 당신은 나의 경고에 관심이 없었습니다. 당신은 모든 재물을 전차 경주장에서 다 써버렸고, 결국 사람들은 당신을 반역하고 말았습니다. 그러나 교회는 당신이 빠진 함정에서 구출하기 위해 열심히 노력하고 있습니다.

I'm not saying all this just to kick a man when he's down, but to keep whoever is still standing from falling. I am not rubbing the salt into the wound, but trying to preserve in sound health anyone who has not yet been wounded. I am not trying to sink a boat tossed by the waves, but to show whoever is sailing with a wind in the right direction how to remain on an even keel. How can I do this? By pointing out the ups and downs of human affair.

지금 나는 몰락한 사람을 차버리기 위해 이 모든 말을 하는 것이 아니라, 자기 자리에 굳게 서 있는 사람들도 타락하지 않도록 하기 위해서 말하고 있습니다. 나는 상처에 소금을 넣고 비비려는 것이 아니라, 아직 상처 입지 않은 사람들이 건강을 유지하도록 하기 위해 말하는 것입니다. 나는 파도에 휩쓸린 배를 침몰시키려는 것이 아니라, 바른 방향으로 부는 바람을 타고 항해하는 사람들에게 어떻게 하면 안전한 항해를 계속할 것인가를 보여 주고자 하는 것입니다. 어떻게 이것을 도울 수 있을까요? 인간사의 흥망성쇠를 보여 줌으로써 그렇게 할 수 있습니다.

1. Vanity of Vanities, All is Vanity (Ecclesiastes 1:2)
헛되고 헛되며 모든 것이 헛되도다 (전도서 1:2)

Even Eutropius, if he had seen the dangers, would not have had such a fall. But neither his own conscience nor the advice of other people brought any improvement in him. So at least you who still count on your wealth can profit by seeing how disaster came his way. Nothing is less reliable than human plans.

만약 유트로피우스가 위험을 인식했더라면 그렇게 망하지는 않았을 것입니다. 그 자신의 양심이나 다른 사람들의 충고마저도 그가 좀더 나아지는데 어떠한 도움이 되질 못했습니다. 여전히 재물을 의지하는 당신에게는 어떻게 재앙이 다가 왔는지 단지 지켜보는 것 외에 다른 방법은 없습니다. 인간의 계획보다 더 믿지 못할 것은 없습니다.

Whatever name you give them, to express their feebleness, falls short of the reality. Smoke, or grass, or dream, or spring flowers, or anything else. They are so perishable that they are less than nothing. Worse than being nothing they possess a very dangerous element. What we see before us shows this.

인간의 나약함을 표현하기에는 연기 혹은 풀, 꿈, 봄꽃 또는 그 밖의 어떠한 단어를 써도 부족할 것입니다. 그것은 썩어 없어질 것들이기 때문에 없는 것과도 같습니다. 게다가 매우 위험한 요소를 안고 있어 오히려 아무것도 없는 것보다 더 나쁘다고 할 수 있습니다. 지금 우리 앞에 일어난 일들이 이것을 증명하고 있습니다.

Who was higher than this man? Wasn't he richer than anyone else? Hadn't he climbed to the very summit of eminence? Wasn't everyone afraid of him? Look at him now, sadder than a prisoner, more pitiful than a slave, poorer than a starving beggar. Every day he has before him a vision of sharp swords and a criminal's grave, with the public executioner leading him out to his death.

누가 이 사람보다 더 높았습니까? 그는 어떤 누구보다 더 부유하지 않았습니까? 그는 최고의 지위에 오르지 않았습니까? 모든 사람들이 그를 두려워하지 않았습니까? 하지만 현재 죄수보다 슬프고 노예보다 불쌍하며, 굶주린 거지보다 더 가난한 그를 보십시오. 그는 매일 날카로운 칼로 목이 베이는 환상, 범죄자들의 무덤에 묻히는 환상, 사형 집행자에게 이끌려 죽어가는 환상 속에 사로잡혀 있습니다.

He hardly remembers if he once enjoyed pleasure. He scarcely feels the sunshine, but experiences nothing but the deepest gloom. How much I try I shall not be able to express the suffering he must naturally be undergone, as at each minute he expects death. Yesterday when they came for him from the royal court, meaning to drag him away, and he ran for refuge to the holy altar, his face was the same as it is now: pale as a corpse, his teeth chattering, his whole body shivering, his voice faltering and stammering. He was petrified.

1. Vanity of Vanities, All is Vanity (Ecclesiastes 1:2)
헛되고 헛되며 모든 것이 헛되도다 (전도서 1:2)

그는 자신이 과거에 쾌락을 즐겼는지를 거의 기억하지 못합니다. 그는 햇빛을 느끼지도 못하고 다만 가장 깊은 어두움만 체험할 뿐입니다. 그가 죽음을 예견하는 매 순간순간마다 그가 겪어야 할 고통을 아무리 노력해도 나는 표현할 수 없을 것입니다. 어제 사람들이 그를 왕립 법정에서 끌고 왔을 때 그는 피신하기 위해 거룩한 제단으로 도망쳐 왔습니다. 그의 얼굴은 지금과 같이 시체처럼 창백했으며, 이빨은 덜덜 떨렸으며, 온몸은 전율했으며, 그의 목소리는 우물거리며 더듬거렸습니다. 그는 꼼짝달싹할 수 없었습니다.

I am not saying this to reproach him or mock his misfortune, but to soften your minds towards him, to make you feel compassion for him. There are plenty of unkind people here who are inclined to blame me for having granted him sanctuary. I show you how much he has suffered to soften your hardheartedness.

내가 그를 책망하거나 그가 당한 불행을 조소하기 위해 이렇게 말하는 것은 아니라, 여러분들이 그에게 너그러운 마음을 가지고, 또한 그에 대한 동정심을 갖도록 하기 위해 말하는 것입니다. 내가 그에게 성소를 은신처로 제공한 것에 대해 비난하고 싶은 사람들이 여기에 많을 것입니다. 여러분의 냉혹한 마음을 너그럽게 하기 위해 그가 얼마나 고생했는지 알려드립니다.

Why, my dear brothers, are you indignant with me? You say it is because someone who always made war upon the Church has now taken refuge within it. Yet surely we ought to glorify God for permitting him to be in such straits as to experience both the strength and the loving kindness of the Church. Her strength, because he has suffered this great fall through of the attacks which he made upon her. Her loving kindness, because although her once attacked her she now shields him and shelters him under her wing.

사랑하는 형제들이여, 왜 나에게 분개하십니까? 여러분들은 그 이유에 대해 계속 교회와 대립해왔던 그 사람이 현재 교회를 피난처로 삼고 있기 때문이라고 했습니다. 그러나 고난에 처해 있는 그에게 교회의 힘과 자비를 경험케 하기 때문에 우리는 분명 하나님께 영광을 돌릴 수 있는 것입니다. 교회의 힘이라고 말한 것은 그가 교회를 핍박하므로 초래된 멸망으로 인해 스스로 고통 받고 있기 때문입니다. 교회의 자비라고 말한 것은 비록 그가 교회를 공격했지만 교회는 그 날개 아래 그를 보호하고 안식처를 제공해 주고 있기 때문입니다.

She keeps him safe without resenting any of the injuries he did her. This loving kindness is more glorious than any trophy. It is a brilliant victory. It puts both Gentiles and Jews to shame. It shows the Church's brightest face. When everyone else despises him in his desolation, she alone like an affectionate mother hides him under her cloak. She opposes the king's anger, the people's rage and hatred.

1. Vanity of Vanities, All is Vanity (Ecclesiastes 1:2)
헛되고 헛되며 모든 것이 헛되도다 (전도서 1:2)

교회는 그가 교회에 상처를 입혔던 것에 대해 원망하지 않고 오히려 그를 안전하게 지켜주고 있습니다. 교회의 자비는 어떤 트로피보다 영광스럽습니다. 이것은 빛나는 승리입니다. 이것은 이방인과 유대인들을 부끄럽게 합니다. 이것은 교회의 가장 밝은 모습을 보여 주는 것입니다. 다른 모든 사람들이 그의 황무함을 보고 경멸할 때 교회는 애정 어린 어머니처럼 그를 품에 감싸 주었습니다. 교회는 왕의 진노와 백성들의 분노와 증오에 맞서고 있습니다.

But here is an ornament for the altar. A strange kind of ornament, you say the accused sinner, the extortioner, the robber being permitted to lay hold of the altar. Don't talk like that! The prostitute took hold of the feet of Jesus, a woman who was strained with the most unclean sins. But what she did was no shame to Jesus, but rather showed him to be the most admirable.

그러나 여기에 제단에 쓰일 장식품이 있습니다. 여러분들은 그를 이상한 장식품, 피소된 죄인, 강탈자, 제단을 붙잡을 수 있도록 허락된 강도라고 말합니다. 그렇게 말하지 마십시오! 가장 더러운 죄로 얼룩진 창녀가 예수님의 발을 붙잡았습니다. 그러나 그녀가 예수님께 한 일은 수치스런 일이 아니라, 오히려 예수님이 높아지게 하는 일이었습니다.

The impure woman did no harm to the man who was pure. Instead the unclean prostitute was made clean by the touch of the man who was the pure and spotless one. Do not be so grudging, then. We are the servants of the crucified one who said: "Forgive them for they know not what they do." Let us rescue the captive, the fugitive, the suppliant from danger, that we ourselves may obtain the future blessings by the favor and mercy of our Lord Jesus Christ.

정결치 못한 여인은 깨끗한 그 분에게 아무런 해를 주지 않았습니다. 그 대신 더러운 창녀는 정결하고 흠 없는 그 분을 만짐으로써 깨끗하게 되었습니다. 그렇다면 이제 그렇게 원한을 갖지 마십시오. 우리는 모두 "저들을 용서하여 주옵소서. 저들은 자기들이 하는 것을 알지 못합니다."라고 기도하시고 십자가에서 죽으신 분의 종입니다. 포로된 자, 도망자, 위험을 호소하는 탄원자를 구해 줍시다. 그래서 우리 주 예수 그리스도의 은혜와 긍휼하심으로 우리 모두가 미래의 복을 받을 수 있기를 바랍니다.

---

1. Vanity of Vanities, All is Vanity (Ecclesiastes 1:2)
헛되고 헛되며 모든 것이 헛되도다 (전도서 1:2)

## 2. Sermon Preached to Emperor Theodosius (Luke 7:36-50)
### 황제 데오도시우스에게 전한 설교 (누가복음 7:36-50)

St. Ambrose | 성암브로스

성암브로스(AD 340-397)는 약관의 나이인 33세에 이미 성공적인 변호사로 널리 알려지게 되었고, 밀란의 총독으로서도 시민들에게 신망이 두터웠다. 그는 또한 황제와 신실한 친구 관계를 유지했다. 374년 교회를 위협하는 이단인 아리안파가 득세하게 되었을 때 그 당시 밀란의 감독은 이 이단을 옹호하고 그리스도의 신성을 반박했기 때문에 교회 안에서 교리 문제로 떠들썩했다. 이때 밀란의 총독인 암브로스는 공공질서의 책임이 있으므로 교회 안으로 들어가 교리적 논쟁에 휘말리지 말고 평화를 유지할 것을 간곡히 부탁했다. 그의 탁월한 웅변과 해박한 법 지식 및 지혜에 탄복한 시민들은 그를 밀란의 감독으로 추천하게 되었고, 감독직을 성공적으로 수행하게 되었다. 정치권 도처에 퍼져 있었던 아리안파들은 암브로스가 자신들의 편이 되어줄 줄 알았지만, 오히려 암브로스는 교회와 법정 심지어 황제의 식구 가운데 있는 아리안파들과 싸웠다.

In the book of the prophet it is written: "Take to thyself the rod of an almond tree." We ought to consider why the Lord said this to the prophet, for it was not written without a purpose, since in the Pentateach too we read that the almond rod of Aaron the priest, after being long laid up, blossomed. For the Lord seems to signify by the rod that the prophetic or priestly authority ought to be straightforward, and to advise not so much what is pleasant as what is expedient.

선지서에는 "살구나무 지팡이를 잡아라"라고 기록되어 있습니다. 성경은 목적 없이 기록된 것이 없기 때문에 우리는 주님이 선지자에게 왜 이 말씀을 하셨는지 생각해야 합니다. 우리 또한 모세오경에서 제사장 아론의 살구나무 지팡이가 오랫동안 놓여져 있다가 꽃 피웠다는 사실을 읽게 됩니다. 그것은 주님이 지팡이의 비유를 통해 선지자적 혹은 제사장적 권위는 올바른 것이어야 하며, 즐거운 것과 편리한 것만 권하면 안 된다고 말씀하시기 때문입니다.

And so the prophet is bidden to take an almond rod, because the fruit of this tree is bitter in its rind, hard in its shell, and inside it is pleasant, that after its likeness the prophet should set forth things bitter and hard, and should not fear to proclaim harsh things. Likewise also the priest; for his teaching, though for a time it may seem bitter to some, and like Aaron's rod be long laid up in the ears of dissemblers, yet after a time, when it is thought to have dried up, it blossoms.

살구나무 과일은 껍질이 쓰고 외피가 딱딱하지만 그 안은 맛있는데, 그런 의미가 내포되어 있기 때문에 선지자는 살구 지팡이를 잡으라는 명령을 받은 것입니다. 그와 마찬가지로 선지자는 쓰고 딱딱한 말씀을 전파해야 하며, 거친 말씀을 전하는 것도 두려워해서는 안 됩니다. 제사장도 마찬가지입니다. 그의 가르침이 위선자들의 귀에 오랫동안 놓여져 있던 아론의 지팡이처럼 어떤 사람에게 당장은 몹시 쓰게 될지도 모릅니다. 그러나 얼마 후에는 말라버렸다고 생각되는 그 지팡이에서 꽃이 피게 됩니다.

Wherefore also the Apostle says: "Shall I come to you with a rod, or in love and in the spirit of gentleness?" First he made mention of the rod, and like the almond rod struck those who were wandering, that he might afterwards comfort them in the spirit of meekness. And so meekness restored him whom the rod had deprived of the heavenly sacraments. And to his disciple he gave similar injunctions, saying: "Reprove, beseech, rebuke."

또한 사도는 왜 "너희에게 지팡이로 가랴, 혹은 사랑과 온유의 마음으로 가랴?"라고 말했을까요? 먼저 방황하는 사람들을 쳤던 살구 지팡이와 같은 의미로 지팡이를 언급했는데, 그것은 온유한 마음으로 그들을 위로하기 위함이었습니다. 그리고 그 온유한 마음은 지팡이로 인해 천국의 성례를 빼앗

2. Sermon Preached to Emperor Theodosius (Luke 7:36-50)
황제 데오도시우스에게 전한 설교 (누가복음 7:36-50)

긴 사람을 회복시켰습니다. 그는 제자들에게 "책망하라, 간청하라, 꾸짖어라"라고 말하면서 비슷한 권면을 하고 있습니다.

Two of these are hard, one is gentle; for as to suffering from excess of gall, bitter food or drink seems sweet, and on the other hand sweet food is bitter, so where the mind is wounded it grows worse under the influence of pleasurable flattery, and again is made sound by the bitterness of correction.

두 가지 명령은 딱딱하고 한 가지 명령은 부드러운 것입니다. 담즙의 과다로 고생하는 사람에게는 쓴 음식과 음료가 달콤하게 보이며, 반면에 달콤한 음식은 쓰게 느껴집니다. 마음이 상한 자에게 듣기좋은 아첨은 오히려 상태를 악화시키지만, 고통스러운 치유의 과정을 통해 온전해집니다.

Let us now consider what the lesson from the Gospel contains: "One of the Pharisees invited the Lord Jesus to eat with him, and He entered into the Pharisee's house and sat down. And behold a woman, who was a sinner in the city, when she knew that Jesus sat at meat in the Pharisee's house, brought an alabaster box of ointment, and standing behind at His feet, began to wash His feet with her tears."(Lk 7:36-38) And then he read as far as this place: "Thy faith hath saved thee, go in peace."(Lk 7:50) How simple is this Gospel lesson in words, how deep in its counsels! And so because the words are those of the "Great Counsellor", let us consider their depth.

복음서에서 어떤 교훈이 포함되어 있는지 생각해 봅시다. "한 바리새인이 예수께 자기와 함께 잡수시기를 청하니 이에 바리새인의 집에 들어가 앉으셨을 때에 그 동네에 죄인인 한 여자가 있어 예수께서 바리새인의 집에 앉으셨음을 알고 향유 담은 옥합을 가지고 와서 예수의 뒤로 그 발 곁에 서서 울며 눈물로 그 발을 적시고 자기 머리털로 씻고 그 발에 입맞추고"(눅 7:36-38). 그는 이 말씀까지 들었습니다. "네 믿음이 너를 구원하였으니 평안히 가라"(눅 7:50). 말씀 속에 있는 이 복음의 교훈은 얼마나 단순한지요. 말씀의 권고가 얼마나 깊은지요! 그 말씀은 '훌륭한 상담자'의 말씀이기 때문입니다. 그 깊은 뜻을 생각해 봅시다.

And the Pharisee, when the Lord asked him, "Which of them loved him most," answered, "I suppose that he to whom he forgave most." And the Lord replied. "Thou hast judged rightly." The judgment of the Pharisee is praised, but his affection is blamed. He judges well concerning others, but does not himself believe that which he thinks well of in the case of others.

주님은 바리새인에게 "그들 중 누가 그를 더 많이 사랑했는가?"라고 물었습니다. 그는 "용서를 많이 받은 자입니다."라고 대답했습니다. 주님은 "네가 잘 판단하였도다."라고 대답했습니다. 바리새인의 판단은 칭찬 받았으나

2. Sermon Preached to Emperor Theodosius (Luke 7:36-50)
황제 데오도시우스에게 전한 설교 (누가복음 7:36-50)

그의 편견은 책망을 받았습니다. 그의 판단은 옳았지만 그가 다른 사람에 대해서 진심으로 그렇게 여기는 지는 확신하지 못했습니다.

You hear a Jew praising the discipline of the Church, extolling its true grace, honoring the priests of the Church; if you exhort him to believe he refuses, and so follows not himself that which he praises in us. His praise, then, is not full, because Christ said to him: "Thou hast rightly judged," but did not divide rightly, and therefore God said to him: "If thou offer rightly, but divide not rightly, thou hast sinned."

유대인이 교회의 제자훈련과 진실한 은혜를 격찬하고, 교회의 성직자들을 존경한다고 하는 말을 들었을 것입니다. 만일 당신이 그 유대인에게 믿으라고 권면한다면, 그는 거절합니다. 즉 자신이 칭찬한 것을 따라가지는 않습니다. 그렇다면 그의 칭찬은 온전하지 않은 것입니다. 왜냐하면 그리스도는 "네가 잘 판단하였도다."라고 그에게 말씀하셨지만 그는 올바로 나누지 않았기 때문입니다. 그러므로 하나님은 "만일 네가 올바로 드리지만 올바로 나누지 않는다면 너는 죄를 지은 것이니라."고 말씀하십니다.

So, then, this man offered rightly, for he judges that Christ ought to be more loved by Christians, because He has forgiven us many sins; but he divided not rightly, because he thought that He could be ignorant of the sins of men.

그래서 그 때 이 사람은 올바로 드렸습니다. 왜냐하면 그는 우리의 허다한 죄를 용서하셨으므로, 그리스도인들은 그리스도를 더 사랑해야 한다고 판단하기 때문입니다. 하지만 그는 올바로 나누지 않았습니다. 왜냐하면 그리스도가 인간의 죄를 모를 수 있다고 생각했기 때문입니다.

And, therefore, He said to Simon: "Thou see this woman. I entered into thine house, and thou gave Me no water for My feet, but she hath washed My feet with her tears"(Luke 7:44). We are all the one body of Christ, the head of which is God, and we are the members; some perchance eyes, as the prophets; others teeth, as the apostles, who have passed the food of the Gospel preached into our breasts, and rightly is it written: "His eyes shall be bright with wine, and his teeth whiter than milk"(Gen. 49:12). And His hands are they who are seen to carry out good works, His belly are they who distribute the strength of nourishment on the poor. So, too, some are His feet, and would that I might be worthy to be His heel!

그러므로 예수께서 시몬에게 "이 여자를 보느냐 내가 네 집에 들어오매 너는 내게 발 씻을 물도 주지 아니하였으되 이 여자는 눈물로 내 발을 적시고" (눅 7:44)라고 말씀하셨습니다. 우리 모두는 그리스도의 한 몸이며, 몸의 머리는 하나님입니다. 우리는 지체들입니다. 어떤 이들은 선지자 같은 눈이며, 다른 이들은 사도 같은 이빨이며, 그들은 전파된 복음의 음식을 우리의 마음에 넣어 주었습니다. 기록되기를 "그 눈은 포도주로 인하여 붉겠고 그

2. Sermon Preached to Emperor Theodosius (Luke 7:36-50)
황제 데오도시우스에게 전한 설교 (누가복음 7:36-50)

이는 우유로 인하여 희리로다"(창 49:12). 그의 손은 선행을 실천하는 데 보여진 손입니다. 그의 배는 가난한 자에게 영양분을 나누어 주는 배입니다. 또한 어떤 이는 그의 발이요, 나는 그의 발꿈치가 되었으면 합니다!

And he pours water upon the feet of Christ, who purifies his conscience from the defilement of sin, for Christ walks in the breast of each. Take heed, then, not to hare your conscience polluted, and so to begin to defile the feet of Christ. Take heed lest He encounter a thorn of wickedness in you, whereby as He walks in you His heel may be wounded.

그는 죄의 오염으로 더럽혀진 양심을 깨끗하게 하신 그리스도의 발 위에 물을 쏟아 부었습니다. 그리스도는 개개인의 마음에 들어오시기 때문입니다. 당신의 양심이 오염되지 않게, 그래서 그리스도의 발을 더럽히지 않게 조심하십시오. 그리스도가 당신 안에 있는 악의 가시에 부딪히지 않게, 그래서 그가 당신 안에 들어갈 때 그의 발꿈치가 상하지 않게 조심하십시오.

For this was why the Pharisee gave no water for the feet of Christ, that he had not a soul pure from the filth of unbelief. For how could he cleanse his conscience who had not received the water of Christ? But the Church both has this water and has tears. Simon the Pharisee, who had no water, had also, of course, no tears. For how should he have tears who had no penitence? For since he believed not in Christ he had no tears. For if he had them he would have washed his eyes, that he might see Christ.

바리새인은 불신앙의 더러운 죄로 인해 깨끗한 영이 없습니다. 이것이 바리새인이 그리스도의 발을 씻을 물을 주지 않은 이유였습니다. 그리스도의 물을 받지 않은 사람이 어떻게 양심을 깨끗하게 씻을 수 있을까요? 그러나 교회는 물과 눈물이 있습니다. 물 없던 바리새인 시몬은 눈물도 물론 없었습니다. 회개하지 않는 그 사람이 어떻게 눈물이 있을 수 있었겠습니까? 그는 그리스도를 믿지 않았기 때문에 눈물이 없었습니다. 그가 눈물이 있었으면 그의 눈을 씻었을 것이요, 그리스도를 보았을 것입니다.

The Pharisee had no hair, inasmuch as he could not recognize the Nazareth; the Church had hair, and she sought the Nazareth. Hairs are counted as amongst the superfluities of the body, but if they be anointed, they give forth a good odor, and are an ornament to the head; if they be not anointed with oil, are a burden. So, too, riches are a burden if you know not how to use them, and sprinkle them not with the odor of Christ. But if you nourish the poor, if you wash their wounds and wipe away their filth, you have indeed wiped the feet of Christ.

그 바리새인은 머리털이 없었고, 나사렛 사람을 알아볼 수 없었습니다. 교회는 머리털이 있으며, 나사렛 사람을 알아보았습니다. 머리털은 몸에서 꼭

2. Sermon Preached to Emperor Theodosius (Luke 7:36-50)
황제 데오도시우스에게 전한 설교 (누가복음 7:36-50)

있어야만 하는 것이 아닌 것 가운데 하나입니다. 그러나 만일 머리털에 기름이 부어진다면 머리털은 좋은 향기를 풍기게 되며 하나의 장식품이 됩니다. 만일 머리털에 기름이 부어지지 않는다면 머리털은 짐이 됩니다. 이와 같이 만일 당신이 재물을 사용할 줄 모르다면, 그리스도의 향기 없이 재물을 뿌린다면 재물은 짐이 됩니다. 그렇지만 만일 당신이 가난한 자를 먹이며, 그들의 상처를 씻어 주며, 그들의 더러움을 닦아 준다면 당신은 참으로 그리스도의 발을 닦는 것입니다.

"Thou gave me no kiss, but she from the time she came in hath not ceased to kiss my feet." A kiss is the sign of love. Whence, then, can a Jew have a kiss, seeing he has not known peace, nor received peace from Christ when He said: "My peace I give you, My peace I leave you." The synagogue has not a kiss, but the church has, who waited for Him, who loved Him, who said: "Let Him kiss me with the kisses of His mouth."

"너는 내게 입맞춤을 하지 않았으나 그녀는 들어올 때부터 내 발에 입맞춤하기를 쉬지 않았다." 입맞춤은 사랑의 신호입니다. 그렇다면 그리스도는 "내 평화를 네게 주리라, 내 평화를 네게 두고 가리라"라고 말씀하실 때 평화를 알지 못하거나 그리스도로부터 평화를 얻지 못한 유대인이 어떻게 입맞춤을 할 수 있을까요? 유대 회당에는 입맞춤이 없지만, 그리스도를 기다리고 사랑하며 "그분의 입술로 내게 입맞춤하게 해 주십시오"라고 말하는 교회에는 입맞춤이 있습니다.

For by His kisses she wished gradually to quench the burning of that long desire. And so the holy prophet says: "Thou shalt open my mouth, and it shall declare Thy praise"(Ps. 51:15). He, then, who praises the Lord Jesus, kisses Him, he who praises Him undoubtedly believes. Finally, David himself says: "I believed, therefore have I spoken" and before: "Let my mouth be filled with Thy praise, and let me sing of Thy glory."

그의 입맞춤으로 교회는 오랜 소망의 불길이 빨리 식지 않기를 원했습니다. 그래서 거룩한 선지자는 "내 입술을 열어 주소서 내 입이 주를 찬송하여 전파하리이다"(시 51:15)라고 말합니다. 그리고 의심 없이 주를 믿는 그는 주 예수를 찬양하고 그에게 입맞춤을 했습니다. 마지막으로 다윗은 "내가 믿음으로 말미암아 말합니다"라고 말하고, 그 전에는 "내 입이 주의 찬양으로 충만하게 하시고 그의 영광을 노래하게 하소서"라고 말합니다.

Whence should the Jew have this kiss? For he who believed in His coming, believed not in His Passion. The Pharisee, then, had no kiss except perchance that of the traitor Judas. But neither had Judas the kiss; and so when he wished to show to, the Jews that kiss which he had promised as the sign of betrayal, the Lord said to him: "Judas, betray thou the Son of Man with a kiss?"(Luke 22:48b). that is, you, who have not the love marked by the kiss, offer a kiss. You offer a kiss who know not the mystery of the kiss. It is not the kiss of the

2. Sermon Preached to Emperor Theodosius (Luke 7:36-50)
황제 데오도시우스에게 전한 설교 (누가복음 7:36-50)

lips which is sought for, but that of the heart and soul.

그 유대인이 왜 이런 입맞춤을 해야 합니까? 그는 주 오심을 믿었지만 그리스도의 고난은 믿지 않는 자였습니다. 아마도 배반자 가룟 유다 외에는 바리새인 중에서 입맞추었던 자가 없었습니다. 그러나 유다도 입맞추지 않았습니다. 배반의 표시로 정한 입맞춤을 유대인들에게 보여주기 원했을 때, 주님은 "유다야, 네가 입맞춤으로 인자를 파느냐?"(눅 22:48b) 하고 그에게 말했습니다. 다시 말하면, 입맞춤의 표시가 있는 사랑을 해보지도 않은 당신의 입맞춤은 입맞춤의 신비를 모르는 것입니다. 진실된 입맞춤은 입으로 키스하는 것이 아니라 마음과 영혼으로 입맞춤 하는 것입니다.

But you say, he kissed the Lord. Yes, he kissed Him indeed with his lips. The Jewish people has this kiss, and therefore it is said: "This people honor Me with their lips, but their heart is far from Me"(Matt. 15:8). So, then, he who has not faith and charity has not the kiss, for by a kiss the strength of love is impressed. When love is not, faith is not, and affection is not, what sweetness can there be in kisses?

그러나 당신은 그가 주님께 입맞춤했다고 말합니다. 그렇습니다. 그는 정말 그리스도께 입술로 입맞춤했습니다. 유대 백성들은 이런 입맞춤을 합니다. 그러므로 말씀하기를 "이 백성이 입술로는 나를 존경하되 마음은 내게서 멀도다"(마 15:8) 이와 같이 믿음과 사랑이 없는 자는 입맞춤도 없습니다. 왜냐하면 사랑의 힘은 입맞춤으로 감동시키기 때문입니다. 사랑, 믿음, 애정이 없는데 입맞춤에 무슨 달콤함이 있을 수 있습니까?

But the Church ceases not to kiss the feet of Christ, and therefore in the Song of Songs she desires not one but many kisses, and like Mary she is intent upon all His sayings, and receives all His words when the Gospel or the Prophets are read, and "keeps all His sayings in her heart." So, then, the Church alone has kisses as a bride, for a kiss is as it were a pledge of espousals and the prerogative of wedlock. Whence should the Jew have kisses, who believes not in the Bridegroom? Whence should the Jew have kisses, who knows not that the Bridegroom is come?

그러나 교회는 그리스도의 발에 입맞춤하기를 멈추지 않습니다. 그리고 아가서의 여인도 한 번만 아니라 많은 입맞춤을 원하고 있습니다. 마리아처럼 교회는 주의 말씀에 열중하며, 복음서와 선지서가 낭독될 때 "주의 모든 말씀을 마음속에 지키고 있습니다."라고 하면서 말씀을 받아들였습니다. 이와 같이 교회만이 신부로서 입맞춤을 합니다. 입맞춤은 말하자면 약혼의 서약이자 결혼의 특권입니다. 신랑을 믿지 않는 유대인이 어떻게 키스를 합니까? 신랑이 오는 지도 모르는 유대인이 어떻게 키스를 합니까?

But the Church has oil wherewith she dresses the wounds of her children, lest the hardness of the wound spread deeply; she has oil which she has received secretly. With this oil, then, the Church

2. Sermon Preached to Emperor Theodosius (Luke 7:36-50)
황제 데오도시우스에게 전한 설교 (누가복음 7:36-50)

anoints the necks of her children, that they may take up the yoke of Christ; with this oil she anointed the Martyrs, that she might cleanse them from the dust of this world; with this oil she anointed the Confessors, that they might not yield to their labours, nor sink down through weariness; that they might not be overcome by the heat of this world; and she anointed them in order to refresh them with the spiritual oil.

그러나 교회에는 상처가 깊게 퍼지지 않도록 그의 자녀들의 상처에 부어 주는 기름이 있습니다. 교회는 비밀리 받은 기름이 있습니다. 이 기름으로 교회는 그의 자녀들의 목에 부어 주어 그리스도의 멍에를 짊어질 수 있게 합니다. 교회는 이 기름을 순교자에게 부어 주고 세상의 먼지를 씻게 합니다. 교회는 이 기름을 증인들에게 부어 주어 그들의 수고를 포기하지 않게 하고 피곤함으로 지치지 않게 하며, 이 세상의 열기에 압도되지 않게 합니다. 교회는 영적 기름으로 그들을 새롭게 하기 위해 영적 기름을 부어 주었습니다.

Wherefore, O Emperor, that I may now address my words not only about you, but to you, since you observe how severely the Lord is wont to censure, see that the more glorious you are become, the more utterly you submit to your Maker. For Christ in His mercy hath conferred it on thee, and therefore, in love for His body, that is, the Church, give water for His feet, kiss His feet, so that you may not only pardon those who have been taken in sin, but also by your peaceableness restore them to concord, and give them rest.

오, 황제여, 그런 까닭에 나는 당신에 관하여만 아니라 당신에게 말씀을 전하기 원합니다. 당신은 주님이 얼마나 엄하게 책망하시는지 아십니다. 당신이 더 영광스럽게 되면 더 철저히 당신의 창조자에게 복종해야함을 아십시오. 그리스도께서 그의 긍휼로 황제에게 그 영광을 주셨습니다. 그러므로 그의 몸, 즉 교회를 사랑하므로 그의 발을 물로 씻고 키스하십시오. 그래서 죄로 잡힌 자들을 용서할 뿐 아니라 당신의 평안으로 그들을 회복시켜 그들에게 안식을 주시기 바랍니다.

Pour ointment upon His feet that the whole house in which Christ sits may be filled with thy ointment, and all that sit with Him may rejoice in thy fragrance, that is, honour the lowest, so that the angels may rejoice in their forgiveness, as over one sinner that repent, the apostles may be glad, the prophets be filled with delight.

그리스도께서 계신 집 전체가 향기로 가득하도록, 그와 함께 앉아 있는 모든 사람들이 당신의 향기에 기뻐하도록, 그의 발에 기름을 쏟아 부으십시오. 다시 말하면 회개하는 한 죄인에게 베풀어진 용서를 보고 천사들이 기뻐할 수 있게, 사도들이 즐거워하고 선지자들의 기쁨이 충만해지도록 가장 낮은 자를 높이십시오.

When I came down from the pulpit, he said to me: "You spoke about

2. Sermon Preached to Emperor Theodosius (Luke 7:36-50)
황제 데오도시우스에게 전한 설교 (누가복음 7:36-50)

me." I replied: "I dealt with matters intended for your benefit." Then he said: "I had indeed decided too harshly about the repairing of the synagogue by the bishop, but that has been rectified. The monks commit many crimes." Then Timasius the general began to be over-vehement against the monks, and I answered him: "With the Emperor I deal as is fitting, because I know that he has the fear of God, but with you, who speak so roughly, one must deal otherwise."

내가 설교 강단에서 내려올 때, 그는 "나에 대해 말씀하셨군요."라고 말했습니다. 나는 "당신의 유익을 위해 필요한 문제들을 거론했습니다."라고 대답했습니다. 그 때 그는 "저 역시 감독이 회당을 수리해 달라는 제안에 대해 굳게 약속했지만 이제 그 제안은 다시 고려해야겠습니다. 수도승들이 많은 범죄를 저질렀기 때문입니다."라고 말했습니다. 그때 티마시우스 장군은 격렬하게 수도승들을 막아섰습니다. 나는 "저는 황제에게 합당하게 대우했습니다. 나는 그가 하나님을 두려워하는 것을 잘 알기 때문입니다. 그러나 함부로 말하는 당신에게는 달리 대해야 할 것 같습니다"라고 장군에게 대답했습니다.

Then, after standing for some time, I said to the Emperor: "Let me offer for you without anxiety, set my mind at ease." As he continued sitting and nodded, but did not give an open promise, and I remained standing, he said that he would amend the edict. I went on at once to say that he must end the whole investigation, lest the Count should use the opportunity of the investigation to do any injury to the Christians.

그리고 잠시 후에 황제에게 "제가 감히 황제에게 제안을 드리고자 합니다. 부담 없이 제 생각을 받아주십시오." 그는 계속 앉아 있었고 고개를 끄떡였지만 공식적인 약속은 하지 않았습니다. 내가 계속 서 있었고, 그는 칙령을 수정하겠다고 말했습니다. 나는 즉시 백작이 그리스도인들에게 상처를 주는 조사를 악용하지 않도록 황제는 모든 조사를 종료해야 한다고 계속해서 말했습니다.

He promised that it should be so. I said to him, "I act on your promise," and repeated, "I act on your promise." "Act", he said, "on my promise." And so I went to the altar, whiter I should not have gone unless he had given me a distinct promise. And indeed so great was the grace attending the offering, that I felt myself that favour granted by the Emperor was very acceptable to our God, and that the divine presence was not wanting. And so everything was done as I wished.

황제는 그렇게 될 것이라고 약속했습니다. 나는 "당신의 약속을 좇아 행동하겠습니다"라고 그에게 말했고, 다시 "저는 당신의 약속을 좇아 행동할 것입니다"라고 반복했습니다. 황제는 내게 "나의 약속을 좇아 행동하시오"라고 말했습니다. 그리고 나는 황제가 분명한 약속을 하지 않았다면 올라가지

2. Sermon Preached to Emperor Theodosius (Luke 7:36-50)
황제 데오도시우스에게 전한 설교 (누가복음 7:36-50)

않았을 제단에 올라갔습니다. 봉헌하는 은혜가 너무 컸기 때문에 나는 황제가 베푼 호의가 우리 하나님께서 받으실 만한 것임을 느꼈으며, 하나님의 임재가 충만함을 느꼈습니다. 그리고 모든 것이 내가 원했던 대로 이루어졌습니다.

## 3. Jesus Heals a Man Born Blind (John 9:1-12)
예수께서 소경을 고치심 (요한복음 9:1-12)

St. Augustine | 성 어거스틴

**성**어거스틴(AD 354-430)은 로마제국의 속국이었던 북아프리카에 있는 나라 누미디아(Numidia; 지금의 튀니지와 알제리)에서 살았다. 카르타고 등지에서 수사학 등 당시로서는 최고의 교육을 받은 그는 로마제국 말기의 퇴폐한 풍조 속에서 한동안 타락한 생활을 했다. 그러나 어머니 모니카의 기도에 감동되어 기독교로 개종했으며, 나이 34세 때 밀란의 암브로스 감독의 영향으로 기독교로 개종했다. 그는 396년에 아프리카로 돌아가 히포의 감독이 되었으며, 거기서 일생을 보냈다. 어거스틴은 113권의 책을 저술했으며, 그 중에 자서전격인 『참회록』, 널리 알려진 『하나님의 도성』, 그리고 『삼위일체론』 등 훌륭한 신학 저서들이 있다. 어거스틴은 목회를 잘하는 이상적인 감독으로 알려져 있다. 현존하는 수백 편의 설교들을 읽으면 알 수 있다. 많은 설교 중에서 지금도 그의 음성을 들을 수 있는 것은 잘 훈련된 속기사가 설교를 기록했기 때문이다. 이 설교는 요한복음 9장에 대한 설교의 반만 전하고 있으며, 태어나면서부터 소경된 자를 예수님께서 고쳐주시는 이야기이다.

We have heard a reading of the Holy Gospel with which we are familiar. But it is a good thing to be reminded, good to refresh the memory from dull forgetfulness. Indeed this old familiar reading has given us as much pleasure as if it were new to us.

우리는 지금 우리가 잘 알고 있는 거룩한 복음이 낭독되는 것을 들었습니다. 희미하게 잊어버린 것을 상기하는 것은 좋은 일이며, 기억을 새롭게 하는 것도 즐거운 일입니다. 이미 오래도록 잘 알고 있는 이 말씀이 낭독될 때 마치 처음 듣는 말씀처럼 우리에게 큰 기쁨을 주었습니다.

Christ gave sight to a man who was blind from his birth. Why are we surprised? Christ is the Savior, and by an act of mercy he made up for something that he had not given this man when he was a child in the womb. When He gave that man no eyes to see, it was certainly not a mere mistake; He was looking forward to a future miracle.

그리스도는 나면서부터 소경된 자에게 빛을 주셨습니다. 왜 우리가 놀랍니까? 그리스도는 구세주이십니다. 그의 긍휼의 사역으로 인해 그리스도는 소경이 태중에 있었을 때 그가 받지 못했던 것을 채울 수 있게 되었습니다. 하나님이 소경된 자에게 볼 수 있는 눈을 주지 않았을 때 분명히 단순한 실수는 아니었습니다. 그분은 앞으로 펼쳐질 기적을 기대하고 계셨습니다.

Perhaps you are saying: "Where do you get this information from?"

I heard it from Christ himself. He said it just now. All of us here together heard it. When his disciples asked him: "Master, who did sin, this man or his parents, that he was born blind?"(John 9:2) You heard the answer he made, as I did. "Neither hath this man sinned, nor his parents, but that the works of God should be made manifest in him"(John 9:3).

어쩌면 여러분들은 나에게 "당신은 어디서 이런 정보를 얻었습니까?"라고 물어 볼 것입니다. 나는 그것을 그리스도로부터 직접 들었습니다. 그는 바로 지금 그것을 말씀했습니다. 여기에 있는 우리 모두는 그것을 들었습니다. 그의 제자들이 "랍비여, 이 사람이 소경으로 난 것이 뉘 죄로 인함이오니이까 자기오니이까 그 부모오니이까"(요 9:2)라고 질문할 때, 내가 들은 것처럼 여러분들도 그가 대답하신 것을 들었습니다. "이 사람이나 그 부모가 죄를 범한 것이 아니라 그에게서 하나님의 하시는 일을 나타내고자 하심이니라"(요 9:3b).

That, then, was why Christ delayed giving him the sight of his eyes. He did not give him what he could give. Yet do not suppose, brothers, that this man's parents had no sin, or that he himself had not, when he was born, contracted original sin. But his blindness was not the consequence of his parents' sin, nor of his own sin. It was 'that the works of God should be made manifest in him.' When we were born we were all affected by original sin, and yet we were not

3. Jesus Heals a Man Born Blind (John 9:1-12)
예수께서 소경을 고치심 (요한복음 9:1-12)

born blind.

이것이 그리스도께서 그에게 시력을 주시기를 미루셨던 이유였습니다. 그리스도는 그에게 주실 수 있었던 것을 주시지 않으셨습니다. 그러나 형제들이여, 소경된 자가 원죄를 가지고 태어났을 때 그의 부모는 죄가 없었다거나 그 자신도 죄가 없었다고 생각하지 마십시오. 그의 눈이 먼 것은 부모의 죄의 결과가 아니요, 자신의 죄의 결과도 아닙니다. 그것은 '하나님의 일을 그 안에서 나타내기 위함입니다.' 우리가 태어났을 때 우리는 모두 원죄에 감염되어 있었지만 우리는 소경으로 태어나지는 않았습니다.

Think about it carefully, though, and you will realize that we were born blind. Who was not born blind-blind, that is, in heart? Yet the Lord Jesus, since he created both eyes and heart, cured both.

좀더 깊이 생각해 보면 바로 우리가 소경으로 태어났음을 깨닫게 될 것입니다. 다시 말해서 마음의 눈이 먼 자로 태어나지 않은 사람이 누가 있습니까? 그러나 주 예수께서 눈과 마음을 창조하셨으므로 둘 다 고쳐 주셨습니다.

With the eyes of faith you have seen this blind man. You have also heard him erring. I will tell you how he erred. First, he thought Christ a prophet, and did not know that he was the Son of God. And then we have heard him give an answer that is entirely false, when he said: "We know that God hear not sinners."

당신은 믿음의 눈으로 이 소경을 보았습니다. 또한 당신은 그가 잘못하고 있는 것을 들었습니다. 그가 어떻게 잘못했는지 말씀드리겠습니다. 첫째로 그는 그리스도를 선지자로 생각했습니다. 그래서 그가 하나님의 아들이심을 몰랐습니다. 그는 "하나님은 죄인에게 귀 기울이시지 않는다"라고 완전히 잘못된 말을 했습니다.

If God does not hear sinners, what hope have we? If God does not hear sinners, why do we pray and make public he record of our sin by beating the breast? And where would it leave that Publican, who went up with the Pharisee into the Temple? While the Pharisee was boasting and parading his own merits, he stood far off, with his eyes fastened on the ground, beating his breast and confessing his sins. This man, who confessed his sins, went down from the Temple justified rather than the Pharisee. So God certainly does hear sinners.

만일 하나님께서 죄인들에게 귀 기울이지 않으신다면 우리에게 무슨 소망이 있겠습니까? 만일 하나님께서 죄인에게 귀 기울이지 않으신다면 우리는 왜 가슴을 치면서 기도하며 죄의 기록을 공표합니까? 바리새인들과 함께 성전으로 올라간 그 세리는 어디에 있습니까? 바리새인들은 자신의 덕목을 자랑하며 과시하는 동안, 세리는 성전으로부터 멀리 서서 땅을 보고 가슴을 치며 죄를 고백하고 있었습니다. 자신의 죄를 고백하고 성전으로 내려온 이 사람은 바리새인보다 더 의로웠습니다. 그러므로 하나님은 분명히 죄인들

3. Jesus Heals a Man Born Blind (John 9:1-12)
예수께서 소경을 고치심 (요한복음 9:1-12)

에게 귀를 기울이십니다.

But the blind man who gave that answer had not yet washed the face of his heart in Siloam. The mystical sign had been performed on his eyes; but in his heart it had not yet worked the blessing of grace. When did this blind man wash the face of his heart? When the Lord admitted him to himself after he had been cast out by the Jews? For the Lord found him, and said to him as we have heard: "Dost thou believe on the Son of God?"

그러나 해답을 받은 소경은 실로암에서 아직 마음의 얼굴을 씻지 않았습니다. 그의 눈에서 놀라운 표적이 일어났습니다. 그러나 그의 마음에는 아직 신비의 표적이 은혜의 축복으로 역사하지 않았습니다. 언제 이 소경이 마음의 얼굴을 씻었습니까? 그가 유대인들에게 내쫓김을 당한 후, 주님은 언제 그를 받아들이셨습니까? 주님은 그를 발견하셨고, 우리가 말씀의 낭독을 들은 것처럼 주님은 그에게 "당신은 하나님의 아들을 믿는가?"라고 말씀하셨습니다.

He replied: "Who is he, Lord, that I may believe on him?" With his eyes, it is true, he could see already. But could he see him yet in his heart? No, not yet. Wait, he will see him presently.

그는 "주님, 그 분이 누구십니까? 제가 믿기 원합니다."라고 대답했습니다. 진실로 그는 자신의 눈으로 이미 볼 수 있었습니다. 그러나 그의 마음으로 그리스도도 볼 수 있었습니까? 아니오, 아직 아닙니다. 기다리십시오. 얼마 있지 않아 그는 보게 될 것입니다.

Jesus answered: "I that speak with thee am he." Did he doubt? No, with that, he washed his face. For he was speaking with the very Siloam which is by interpretation, 'Sent'. Who is the one Sent, but Christ? He often bore witness to that by saying: "I do the will of my Father that sent me." He himself, then was Siloam. The man came to him blind in heart. He heard and believed, adored, washed his face, and saw.

예수님은 "너에게 말하는 내가 그로다"라고 하셨습니다. 그가 의심했습니까? 아닙니다. 그는 실로암의 샘물로 그의 얼굴을 씻었습니다. 예수님은 실로암, 즉 번역하면 '보냄을 받았다' 라는 단어로 말씀하셨습니다. 그리스도 외에 누가 보냄을 받은 자입니까? 그리스도는 종종 "나는 나를 보내신 나의 아버지의 뜻을 행한다"고 말씀하시면서 보내심을 받았음을 증거하셨습니다. 그리스도 그 분 자신이 실로암이셨습니다. 그리스도는 마음이 소경된 그에게 오셨습니다. 그는 말씀을 들었고, 믿었고, 사모했고, 얼굴을 씻었고, 그리고 눈으로 보았습니다.

3. Jesus Heals a Man Born Blind (John 9:1-12)
예수께서 소경을 고치심 (요한복음 9:1-12)

## 4. The Fruits of Faith (Romans 12:1-6)
### 믿음의 열매 (로마서 12:1-6)

**Martin Luther | 마르틴 루터**

마르틴 루터(AD 1483-1546)는 독일 중산층의 부유한 집안에서 태어나 명문 교육을 받았다. 5세 때 라틴과 수학을 공부했으며, 14세 때는 라틴 고등학교에 다녔으며, 20세 때는 워필드 대학에서 문학석사를, 29세 때 신학박사 학위를 수여받았다. 그러나 친구의 죽음으로 두려움에 사로잡혔던 루터는 어거스틴 수도원에 들어가 걸인 수도승이 되었고, 거기서 열심히 성경 연구에 집중하게 되었다. 무엇보다 루터는 죄 문제에 대한 심한 갈등 속에서 믿음으로 승리하고 죄의 문제를 해결하게 된다. 또한 5개월간의 로마여행은 기독교의 미래를 변화시키는 계기가 되었다. 그 후 루터는 로마 가톨릭 교회와 신자들의 부패에 대해 회개를 촉구하는 설교를 많이 했지만, 그들은 듣지 않았다. 그리고 익히 알려진 대로 1517년 10월 31일(종교개혁기념일)에 95개 조항의 반박문을 비텐베르크 교회 앞에 붙임으로써 종교개혁을 일으키게 된다.

This epistle lesson treats not of faith, but of the fruits of faith—love, unity, patience, self-denial, etc. Among these fruits, the apostle considers first the discipline of the body—the mortification of evil lusts. He handles the subject here in a manner wholly unlike his method in other epistles.

이 서신의 교훈은 믿음에 관한 것이 아니라 믿음의 열매인 사랑, 연합, 인내, 자기포기 등에 관한 것입니다. 사도는 이런 열매 가운데 먼저 육신의 훈련, 즉 악한 정욕의 극복에 대해 이야기하고 있습니다. 여기에서 사도는 다른 서신들과는 아주 다른 방법으로 이 주제를 다루고 있습니다.

In Galatians he speaks of crucifying the flesh with its lusts; in Hebrews and Colossians, of putting off the old man and mortifying the members on earth. Here he mentions presenting the body as a sacrifice; he dignifies it by the loftiest and most sacred terms. Why does he so?

사도는 갈라디아서에서 육체의 정욕을 십자가에 못 박으라고 말하며, 히브리서와 골로새서에서는 옛 사람을 벗어버리고 세상에 속한 것들을 극복하라고 말합니다. 여기에서 우리의 몸을 희생 제물로 드리라고 말하고 있습니다. 바울은 가장 고상하고 거룩한 단어를 사용하여 고귀하게 표현하고 있습니다. 왜 그렇게 합니까?

First, by making the terms glorious, he would the more emphatically urge us to yield this fruit of faith. The whole world regards the priest's office-his service and his dignity-as representing the acme of nobility and exaltation; and so it truly does. Now, if one would be a priest and exalted before God, let him set about this work of offering up his body to God; in other words, let him be humble, let him be nothing in the eyes of the world.

우선 바울은 영광스러운 용어를 사용하여 우리에게 믿음의 열매를 맺으라고 강하게 권고하고 있습니다. 세상 사람들은 제사장의 직분-그의 섬김과 위엄-을 고귀함과 존귀의 절정으로 여기고 있습니다. 이것은 사실이기도 합니다. 지금 만일 누군가가 제사장이 되거나 하나님 앞에서 존귀히 여김을 받으려면 먼저 하나님께 헌신하는 일을 시작해야 합니다. 다시 말해 세상 사람들의 눈에는 아무것도 아닌 사람이 되도록 겸손해져야 합니다.

Men universally consider the title of priest glorious and honorable; it is acceptable to everyone. But the duties and the sacrifice of the office are rarely accepted. The Christian priesthood costs life, property, honor, friends and all worldly things. It cost Christ the same on the holy cross.

사람들은 일반적으로 제사장의 직위를 영광스럽고 존경스럽게 생각합니다. 제사장의 직위는 모든 사람들에게 받아들일 수 있는 직위입니다. 그러나 그 직책의 의무와 희생에 대해서는 거의 받아들이지 않습니다. 기독교의 제사장직은 생명, 소유, 명예, 친구와 모든 세상의 것들을 희생해야만 합니다.

No man readily chooses death instead of life, and accepts pain instead of pleasure, loss instead of gain, shame rather than honor, enemies rather than friends, according to the example Christ set for us on the cross. And further, all this is to be endured, not for profit to one's self, but for the benefit of his neighbor and for the honor and glory of God. For so Christ offered up his body. This priesthood is a glorious one.

십자가에서 그리스도께서 우리에게 보여주신 본을 따라 아무도 쉽사리 생명 대신 죽음을, 쾌락 대신 고통을, 이익 대신 손해를, 영예보다 수치를, 친구보다 적을 선택하지는 않습니다. 자신의 유익이 아니라 이웃의 유익과 하나님의 영광을 존귀를 위해 이 모든 것을 견디어야 합니다. 그리스도께서 그렇게 자신의 몸을 드렸기 때문에 그렇습니다. 이 제사장직은 영광스러운 직분입니다.

As I have frequently stated, the suffering and work of Christ is to be viewed in two lights: First, as grace bestowed on us, as a blessing conferred, requiring the exercise of faith on our part and our acceptance of the salvation offered. Second, we are to regard it an example for us to follow; we are to offer up ourselves for our neighbors' benefit and for the honor of God. This offering is the exercise of our love-distributing our works for the benefit of our neighbors. He who so does is a Christian. He becomes one with Christ, and the offering of his body is identical with the offering of Christ's body.

내가 자주 말씀드린 대로 그리스도의 고난과 사역은 두 가지 견해로 생각해 볼 수 있습니다. 첫째로 그리스도의 수난과 사역은 우리에게 주신 은혜로서, 복을 누리게 하신 것이며, 우리 편에서 믿음의 행위가 필요하며, 또한 우리에게 주어진 구원을 받아드리는 것입니다. 둘째로 그리스도의 수난과 사역은 우리가 따라가야 할 본보기로 생각해야 합니다. 이웃의 유익과 하나님의 영광을 위해 우리 자신을 드려야 합니다. 이 헌신은 이웃의 유익을 위한 우리의 행위를 나누어 주는 사랑의 실천입니다. 이렇게 하는 자가 그리스도인입니다. 그는 그리스도와 하나된 사람이며, 그의 헌신은 그리스도의 헌신과 동일합니다.

"I beseech you therefore, brethren." Paul does not say, "I command you." He is preaching to those already godly Christians through faith in the new man; to hearers who are not to be constrained by commandments, but to be admonished. For the object is to secure voluntary renunciation of their old, sinful, Adam-like nature. He who will not cheerfully respond to friendly admonition is no Christian. And he who attempts by the restraints of law to compel the unwilling to renunciation, is no Christian preacher or ruler; he is but a worldly jailer.

"그러므로 형제들아 내가 너희를 권하노니" 바울은 "내가 명하노니"라고 말하지 않습니다. 그는 이미 믿음으로 말미암아 새 사람이 된 경건한 그리스도인들에게 설교하고 있으며, 명령으로 압박받지 않고 권고함으로 청중들에게 설교하고 있습니다. 설교의 목적은 그들의 옛 죄의 성품과 아담 같은 성품을 자발적으로 포기하라는 것입니다. 호의적인 훈계를 쾌히 받아들이지 않는 사람은 그리스도인이 아닙니다. 기꺼이 원하지 않는 자를 법의 구속력으로 포기하도록 강요하는 자는 기독교 설교자 혹은 지도자가 아니라, 세상의 간수에 불과합니다.

"By the mercies of God." A teacher of the Law enforces his restraints through threats and punishments. A preacher of grace persuades and incites by calling attention to the goodness and mercy of God. The latter does not desire works prompted by an unwilling spirit, or service that is not the expression of a cheerful heart.

"하나님의 모든 자비하심으로" 율법사는 위협과 처벌을 통해 자신의 억제를 강화합니다. 그러나 은혜의 설교자는 하나님의 선하심과 긍휼하심으로 인도하시는 것을 통해 설득하고 격려합니다. 은혜의 설교자는 자원하지 않는 마음을 억지로 부추기는 일을 원하지 않으며, 유쾌한 마음으로 하지 않는 섬김을 원하지도 않습니다.

He desires that a joyous, willing spirit shall incite to the service of God. He who cannot, by the gracious and lovely message of God's mercy so lavishly bestowed upon us in Christ, be persuaded in a spirit of love and delight to contribute to the honor of God and the benefit of his neighbor, is worthless to Christianity, and all effort is lost on him.

하나님은 기쁘게 자원하는 마음으로 그분을 섬기기를 원합니다. 그리스도 안에서 우리에게 아낌없이 주신 은혜롭고 사랑스러운 하나님의 긍휼의 메시지를 따라 사랑과 기쁨의 마음으로 하나님의 영광과 이웃의 유익을 위하여 헌신하기를 원하지 않는 사람은 기독교에서 무익할 뿐입니다. 모든 노력이 그에게는 헛된 것입니다.

How can one whom the fire of heavenly love and grace cannot melt, be rendered cheerfully obedient by laws and threats? Not human mercy is offered us, but divine mercy, and Paul would have us perceive it and be moved thereby.

하늘의 사랑과 은혜의 불로 녹일 수 없는 사람이 어떻게 법과 위협에 기꺼이 순복할 수 있습니까? 우리가 인간의 긍휼은 받지 못하지만, 하나님의 긍휼은 받습니다. 바울은 우리로 하여금 그것을 깨닫게 했으며, 그래서 우리는 감동을 받았습니다.

"To present your bodies." Many and various were the sacrifices of the Old Testament. But all were typical of this one sacrifice of the body, offered by Christ and his Christians. And there is not, nor can be, any other sacrifice in the New Testament. What more would one, or could one, offer than himself, all he is and all he has? When the body is yielded a sacrifice, all belonging to the body is yielded also.

"너희 몸을 드리라" 구약의 제사는 종류가 많고 다양했습니다. 그러나 모든 제물은 그리스도와 그리스도인들이 드린 이 한 가지 몸으로 드리는 제사의 예표였습니다. 신약성경에서 다른 제사는 없으며, 있을 수도 없습니다. 그 자신, 즉 그의 신분과 소유 전부보다 무엇을 더 줄 수 있습니까? 몸이 제물로 바쳐질 때 몸에 속한 모든 것 또한 함께 바쳐지는 것입니다.

Therefore, the Old Testament sacrifices, with the priests and all the splendor, have terminated. How does the offering of a penny compare with that of the body? Indeed, such fragmentary patchwork scarcely deserves recognition as a sacrifice when the bodies of Christ and of his followers are offered.

그러므로 이제 제사장이 장엄하게 드리던 구약의 제사는 끝났습니다. 한 페니의 헌금을 어떻게 몸으로 드리는 제사와 비교할 수 있겠습니까? 참으로 그렇게 단편적인 제사들을 감히 그리스도와 그의 제자들의 몸으로 드려진 제사로 볼 수는 없습니다.

Our blind leaders, therefore, have most wretchedly deceived the world by their mass-offerings, for they have forgotten this one real sacrifice. The mass may be celebrated and at the same time the soul be not benefited, but rather injured. But the body cannot be offered without benefiting the soul. Under the New Testament dispensation, then, the mass cannot be a sacrifice, even were it ever one. For all the works, all the sacrifices of the New Testament, must be true and soul-benefiting. Otherwise they are not New Testament sacrifices.

그런데 눈먼 지도자들은 미사를 드리는 방법으로 아주 야비하게 세상을 기만했습니다. 왜냐하면 그들은 이 한 가지 진실한 제사를 잊었기 때문입니다. 미사는 거행될지라도 영혼에 유익을 주지 못하고 오히려 상처를 줍니다. 그러나 영혼에 유익 없이 몸을 드릴 수는 없습니다. 신약 시대에서 미사는 제사가 될 수 없습니다. 신약의 모든 사역들과 모든 제사들은 분명 진실되며 영혼에 유익한 것입니다. 그렇지 않다면 신약의 제사가 아닙니다.

"A living sacrifice, holy, acceptable to God." Paul here makes use of the three words 'living', 'holy' and 'acceptable' doubtless to teach that the sacrifices of the Old Testament are repealed and the entire priesthood abolished. The Old Testament sacrifices consisted of bullocks, sheep and goats. To these life was not spared. For the sacrifice they were slain, burned, consumed by the priests.

"하나님이 기뻐하시는 거룩한 산 제사" 바울은 여기에서 '산' '거룩한' '기뻐하시는' 등 이러한 세 단어를 사용하여 구약의 제사와 제사장 직분이 폐지됨을 가르치고 있습니다. 구약의 제물들은 소, 양, 염소로 구성되었습니다. 제사에서 이 생명체들을 아끼지 않았습니다. 제사장들은 제사 드리기 위해 동물들을 죽이고, 태우고, 소멸시켰습니다.

But the New Testament sacrifice is a wonderful offering. Though slain, it still lives. Indeed, in proportion as it is slain and sacrificed, does it live in vigor. "If by the Spirit ye put to death the deeds of the body, ye shall live"(Rom. 8:13). "For ye died, and your life is hid with Christ in God"(Col. 3:3). "And they that are of Christ Jesus have crucified the flesh with the passions and the lusts thereof"(Gal. 5:24).

그러나 신약의 제사는 놀라운 제사입니다. 죽었지만 살아 있습니다. 정말 죽고 희생된 만큼 생기 있게 살아갑니다. "영으로써 몸의 행실을 죽이면 살리니"(롬 8:13). "이는 너희가 죽었고 너희 생명이 그리스도와 함께 하나님 안에 감취었음이니라"(골 3:3). "그리스도 예수의 사람들은 육체와 함께 그 정과 욕심을 십자가에 못 박았느니라"(갈 5:24).

The word 'living' then, is to be spiritually understood-as having reference to the life before God and not to the temporal life. He who keeps his body under and mortifies its lusts does not live to the world; he does not lead the life of the world. The world lives in its lusts, and according to the flesh; it is powerless to live otherwise.

'살아 있는' 이란 말은 일시적 삶이 아닌, 하나님 앞에서의 삶과 관계 있는 것으로써 영적으로 이해해야 합니다. 자기의 몸을 지키고 몸의 정욕을 극복하는 자는 세속에 사는 것이 아니며 세상의 삶을 사는 자가 아닙니다. 세상 사람들은 정욕 가운데 육체를 따라 살아갑니다. 이에 대항하지 못하고 무기력하게 끌려갑니다.

True, the Christian is bodily in the world, yet he does not live after the flesh. As Paul says, "Though we walk in the flesh, we do not war according to the flesh"(2 Cor. 10:3). Such a life is, before God, eternal, and a true, living sacrifice. Such mortification of the body and of its lusts, whether effected by voluntary discipline or by persecution, is simply an exercise in and for the life eternal.

사실, 그리스도인은 이 세상에서 몸으로 살고 있지만 육체를 따라 살지 않습니다. 바울은 "우리가 육체에 있어 행하나 육체대로 싸우지 아니하노니" (고후 10:3)라고 말합니다. 하나님 앞에서 이런 삶은 영원하며 참된 산 제사입니다. 몸과 정욕을 억제하는 것이 자발적 훈련이나 핍박이 되든지 간에 몸과 그 정욕을 극복하도록 노력하는 것은 오로지 영생 안에서의 연습, 영생을 위한 연습입니다.

None of the Old Testament sacrifices were holy except in an

external and temporal sense—until they were consumed. For the life of the animal was but temporal and external previous to the sacrifice. But the 'living sacrifice' Paul mentions is righteous before God, and also externally holy. 'Holy' implies simply, being designed for the service and the honor of God. Hence we must here understand the word 'holy' as conveying the thought that we let God alone work in us and we be simply his holy instruments.

구약 제물들은 외부적이고 일시적인 의미로 존재하는 것을 제외하면 태워서 소멸될 때까지 어느 것도 거룩하지 않습니다. 동물의 생명은 제사되기 전에는 일시적인 것, 외부적인 것에 불과하기 때문입니다. 그러나 바울이 언급한 '산 제사'는 하나님 앞에는 의롭고 또한 외부적으로도 거룩합니다. '거룩한' 이란 말은 간단하게 하나님께 예배와 영광을 드리기 위한 마음가짐을 뜻합니다. 즉 '거룩한' 이란 단어는 오직 하나님만이 우리 안에서 역사하게 하며 우리는 그의 거룩한 도구라는 뜻을 내포하고 있습니다.

As said in first Corinthians 6:19-20, "Your body is the temple of the Holy Ghost and ye are not your own therefore glorify God in your body, and in your spirit, which are God's." Again (Gal. 6:17), "I bear branded on my body the marks of Jesus." Now, he who performs a work merely for his own pleasure and to his own honor, profanes his sacrifice.

고린도전서에서 "너희 몸은 너희가 하나님께로부터 받은 바 너희 가운데 계신 성령의 전인 줄을 알지 못하느냐 너희는 너희의 것이 아니라 그런즉 너희 몸으로 하나님께 영광을 돌리라"(고전 6:19-20)라고 말씀하신 것처럼 다시 "내가 내 몸에 예수의 흔적을 가졌노라"(갈 6:17)라고 말씀하고 있습니다. 자신의 쾌락과 명예를 위해서만 일하는 자는 예수님의 희생을 모독하는 것입니다.

So also do they who by their works seek to merit reward from God. The point of error is, they are not yet a slain sacrifice. The sacrifice cannot be holy unless it is slain before God, and slain in its own consciousness, and thus does not seek its own honor and glory.

자신의 행위를 통해 하나님께 공적 상급을 구하는 자도 마찬가지입니다. 문제의 핵심은 그들이 아직 온전히 죽은 제물이 아니라는 것입니다. 제물이 하나님 앞에서 죽고, 또한 자신의 속사람도 죽으며, 명예와 영광을 포기하지 않으면 거룩해질 수 없습니다.

"Which is your spiritual (reasonable) service." A clear distinction is here made between the services rendered God by Christians and those which the Jews rendered. The thought is: The Jews' service to God consisted in sacrifices of irrational beasts, but the service of Christians, in spiritual sacrifices—the sacrifice of their bodies, their very selves. The Jews offered gold and silver; they built an inanimate

4. The Fruits of Faith (Romans 12:1-6)
믿음의 열매 (로마서 12:1-6)

temple of wood and stone. Christians are a different people. Their sacrifices are not silver and gold. Their temple is not wood and stone; it is themselves. "Ye are a temple of God." (I Cor 3:16).

"이것이 너희가 드릴 영적 (합당한) 예배니라." 그리스도인이 하나님께 드리는 예배와 유대인이 드리는 예배의 분명한 차이점이 여기에 있습니다. 유대인이 하나님께 드리는 예배는 비이성적인 짐승으로 제사를 드리는 것이지만, 그리스도인의 예배는 영적인 제사, 즉 몸과 자아의 제사입니다. 유대인들은 금과 은을 바쳤으며, 나무와 돌로 생기 없는 성전을 지었습니다. 그리스도인은 다른 백성입니다. 그리스도인이 드릴 제물은 은과 금이 아닙니다. 그들의 성전은 나무와 돌이 아니라 바로 그들 자신입니다. "너희는 하나님의 성전이니라"(고전 3:16).

In brief, this our reasonable service is rightly called a spiritual service of the heart, performed in the faith and the knowledge of God. Here
Paul rejects all service not performed in faith as entirely unreasonable, even if rendered by the body and in outward act, and having the appearance of great holiness and spiritual life.

간단히 말해 이렇게 합당한 예배는 하나님의 믿음과 지식으로 드리는 마음의 영적 예배라고 할 수 있습니다. 여기에서 바울은 비록 겉으로는 거룩하고 영적인 생명이 있는 것처럼 몸으로 드리고 외적행실로 드려도, 믿음으로 드리지 않는 모든 예배를 전적으로 부당한 것으로 거절하고 있습니다.

Such have been the works, offerings, monkery and stringent life of the Papists, performed without the knowledge of God-having no command of God-and without spirit and heart. They have thought that so long as the works were performed they must be pleasing to God, independent of their faith. Such was also the service of the Jews in their works and offerings, and of all who knew not Christ and were without faith. Hence they were no better than the service and works of idolatrous and ignorant heathen.

하나님의 지식 없이 행하는, 즉 하나님의 명령이 없고 영과 마음이 없이 행하는 이런 것들이 바로 로마 가톨릭의 행실, 헌물, 수도사 생활, 엄격한 생활이었습니다. 그들은 믿음에 의존하지 않고 행위로서 하나님을 기쁘시게 할 수 있다고 생각했습니다. 이런 것이 행위와 제물에 있어서 유대인들의 예배였으며, 그리스도를 모르는 믿음 없는 예배였습니다. 그러므로 그들의 예배는 우상 숭배하는 무식한 이교도들의 예배와 행위와 다를 바 없습니다.

"And be not fashioned according to this world: but be ye transformed by the renewing of your mind, that ye may prove what is the good and acceptable and perfect will of God"(Rom. 12:2). As before said, the world cannot endure the sight or hearing of this living sacrifice; therefore it opposes it on every side. We must be careful, then, to follow neither the customs of the world nor our own reason or plausible theories. We must constantly subdue our dispositions and control our wills, not obeying the dictates of reason and desire. Always we are to conduct ourselves in a manner unlike the way of the world.

"너희는 이 세대를 본받지 말고 오직 마음을 새롭게 함으로 변화를 받아 하나님의 선하시고 기뻐하시고 온전하신 뜻이 무엇인지 분별하도록 하라"(롬 12:2) 전에 말씀드린 대로 세상 사람들은 산 제사를 볼 수도, 드릴 수도 없습니다. 그래서 모든 면에 완전히 다릅니다. 우리는 세상의 관습, 우리의 이성 혹은 그럴 듯한 이론들을 따라가지 않도록 조심해야 합니다. 우리는 이성과 정욕의 명령에 순종하지 않으면서도 항상 우리의 기질을 복종시키고 우리의 의지를 통제해야 합니다. 우리는 항상 우리 자신을 세상의 길과 다른 방식으로 이끌어가야 합니다.

So shall we be daily changed-renewed in our minds. Daily we prefer to be poor, sick and despised, to be fools and sinners, until ultimately we regard death as better than life, foolishness as more precious than wisdom, shame nobler than honor, labor more blessed than wealth, and sin more glorious than human righteousness. Such a mind the world does not possess. The mind of the world is altogether unlike the Christian's. It not only continues unchanged and unrenewed in its old disposition, but is obdurate and very old.

그러므로 우리는 매일 변화되어야 할 것이며, 우리의 마음이 새롭게 되어야 할 것입니다. 결국 죽음을 생명보다 더 좋게, 어리석음을 지혜보다 더 귀하게, 수치를 명예보다 더 고귀하게, 수고를 재물보다 더 복되게, 죄를 인간의 의보다 더 영광스럽게 여길 때까지 우리는 매일 가난하고, 아프고, 무시되고, 바보와 죄인이 되기를 더욱 좋아해야 할 것입니다. 세상은 이런 마음을 가지고 있지 않습니다. 세상의 마음은 그리스도인의 마음과 전혀 다릅니다. 세상의 마음은 옛 기질에서 전혀 변하지 않고 새롭게 되지 않은 채로 있을 뿐 아니라, 완고하고 매우 낡아 있습니다.

God's will is ever good and perfect, ever gracious; but it is not at all times so regarded of men. Indeed, human reason imagines it to be the evil, unfriendly, abominable will of the devil, because what reason esteems highest, best and holiest, God's will regards as nothing and worthy of death. It must feel and prove, must test and ascertain, whether one is prompted by a sincere and gracious will.

하나님의 뜻은 항상 선하고 완전하며 은혜롭습니다. 그러나 사람들은 반드시 그렇다고 생각하지 않습니다. 오히려 인간의 이성은 하나님의 뜻을 악하고 불친절하고 혐오스러운 마귀의 뜻이라고 생각합니다. 왜냐하면 이성이 최고로 뛰어나고 성스럽다고 여기는 것을 하나님의 뜻으로 바라본다면 아무 것도 아닌 것일 뿐만 아니라 죽음의 가치로 밖에 여기지 않기 때문입니다. 그러므로 그리스도인의 체험은 그것이 신실하고 은혜스러운 의지로 이루어졌는지 느끼고 증명하고 시험하고 알아내야 합니다.

4. The Fruits of Faith (Romans 12:1-6)
믿음의 열매 (로마서 12:1-6)

He who perseveres and learns in this way will go forward in his experience. He will discover that acceptance of God's will affords him more happiness, even in poverty, disgrace and adversity, than is the lot of any worldling in the midst of earthly honors and pleasures. He will finally arrive at a degree of perfection making him inclined to exchange life for death, and that the will of God may be done perfectly in himself in every relation. In this respect he is wholly unlike the world; he conducts himself very differently from it.

이런 방법으로 인내하면서 배운 사람은 그의 체험 속에서 더욱 성장해 나갈 것입니다. 그는 하나님의 뜻을 받아들이는 것이 가난, 수치, 역경 속에서도 세상의 명예와 쾌락 중에 빠져 있는 어떤 속인의 운명보다 더 행복을 준다는 것을 발견하게 될 것입니다. 그리고 결국 생명을 죽음으로 바꾸고 싶어하는 완전함의 단계에 도달할 것입니다. 그의 삶 가운데 하나님의 뜻이 모든 관계에서 완전히 이루어지기를 원할 것입니다. 이런 면에서 그는 전적으로 세상과 같지 않습니다. 그는 세상과 매우 다르게 처신합니다.

Paul, you will observe, does not consider the Christian absolutely free from sin, since he beseeches us to be 'transformed by the renewing of the mind.' Where transformation and renewal are necessary, something of the old and sinful nature must yet remain. This sin is not imputed to Christians, because they daily endeavor to effect transformation and renovation. Sin exists in them against their will. Flesh and spirit are contrary to each other(Gal. 5:17), therefore we do not what we would(Rom. 7:15).

바울은 그리스도인이 죄에서부터 결코 자유로울 수 없다고 보고 있음을 관찰할 수 있습니다. 그는 우리에게 '마음을 새롭게 함으로 변화되기를' 간청하고 있기 때문입니다. 변화와 갱생이 필요한 곳에 옛 죄 성품의 어떤 것이 여전히 남아 있습니다. 이 죄는 그리스도인에게 전가된 것이 아닙니다. 그리스도인들은 매일 변화와 갱생을 얻기 위해 노력하기 때문입니다. 죄는 그리스도인들 가운데 있으면서 그들의 뜻에 반대합니다. 육체와 영은 서로 상반되며(갈 5:17), 그래서 우리가 원하는 것을 할 수 없습니다(롬 7:15).

The scriptural sense of the word 'mind' has already been sufficiently defined as 'belief,' which is the source of either vice or virtue. For what I value, I believe to be right. I observe what I value, as do others. But when belief is wrong, conscience and faith have not control. Where unity of mind among men is lacking, love and peace cannot be present; and where love and faith are not present, only the world and the devil reign. Hence transformation by renewal of the mind is of vital importance.

'마음'이라는 말의 성경적 의미는 이미 충분하게 '신앙'으로 정의했습니다. 신앙은 악이나 덕의 자원입니다. 나는 내가 높이 평가하는 것을 옳다고 믿으며, 다른 사람들이 하는 것처럼 내가 높이 평가한 것을 관찰합니다. 그러나 신앙이 그릇될 때 양심과 믿음에는 통제력이 없습니다. 연합된 마음이 부족한 사람들의 마음 속에는 사랑과 평화가 있을 수 없습니다. 사랑과 믿음이 없는 곳에는 세상과 마귀가 군림합니다. 그러므로 마음을 새롭게 함으로 변화를 받는 것은 매우 중요합니다.

"For I say, through the grace that was given me, to every man that is among you, not to think of himself more highly than he ought to think; but so to think as to think soberly, according as God hath dealt to every man a measure of faith."(Rom 12:3) Paul, in all his epistles, is careful to give this instruction to Christians.

"내게 주신 은혜로 말미암아 너희 중 각 사람에게 말하노니 마땅히 생각할 그 이상의 생각을 품지 말고 오직 하나님께서 각 사람에게 나눠 주신 믿음의 분량대로 지혜롭게 생각하라"(롬 12:3). 바울은 그의 모든 서신에서 그리스도인들에게 이 교훈을 주의 깊게 전하고 있습니다.

His purpose is to preserve simplicity of faith among them everywhere; to prevent sects and schisms in Christian life, which have their origin in differing minds, in diversity of belief. To make admonition the more forcible, he refers to his apostolic office; to the fact that he was, by the grace of God, chosen and sent to teach the things he advocates. Belief prompts to do as the world does, to value what is exalted and to despise what is humble.

그의 목적은 믿음의 단순성이 어디에 있든지 그리스도인들 가운데 보존되고, 그리스도인의 생활에서 다른 마음과 신앙의 다양함 안에서 시작된 당파와 분열을 방지하고자 하는 것입니다. 그는 더욱 강하게 훈계하기 위해 그의 사도직에 대해 말하면서 하나님의 은혜로 선택을 받고 자기가 변호하는 것을 가르치도록 보냄을 받았다는 사실을 언급합니다. 세상은 높아진 것을 크게 평가 하고 낮은 것을 멸시하는 것 같이 신앙도 그렇게 합니다.

This principle cannot be better illustrated than by the prevailing examples of our time. For instance, monks and priests have established spiritual orders which they regard highly meritorious. In this respect they do not think soberly, but extravagantly. They imagine ordinary Christians to be insignificant in comparison with them.

우리 시대에 유행하고 있는 실례보다 이 원리를 더 잘 설명할 수는 없을 것입니다. 예를 들면, 수도승과 사제들은 그들이 매우 가치 있게 여기는 영적 등급을 만들었습니다. 이런 면에서 그들은 진지하게 생각하지 않고 터무니없는 생각을 하고 있습니다. 사제들은 자신들과 비교해 평범한 그리스도인들이 천하다고 생각합니다.

But their orders represent neither faith nor love, and are not commanded by God. They are peculiar, something devised by the monks and priests themselves. Hence there is division. Because of

4. The Fruits of Faith (Romans 12:1-6)
믿음의 열매 (로마서 12:1-6)

the different beliefs, numerous sects exist, each striving for first place. Consequently, all the orders become unprofitable in God's sight. The love and faith and harmony which unite Christians are dissipated.

그러나 그들의 등급은 믿음이나 사랑을 보여 주는 것도 아니고, 하나님의 명령에 의한 것도 아닙니다. 그들의 등급은 괴팍한 것이며, 수도승과 사제들이 궁리해서 만든 것입니다. 결국 분열이 생겼습니다. 다른 신앙 때문에 많은 당파가 있으며, 각 파들은 일등직을 얻으려고 애쓰고 있습니다. 결과적으로 모든 등급은 하나님 앞에서 무익합니다. 그리스도인을 연합할 사랑과 믿음과 화합은 없어진 것입니다.

Paul teaches that, however varied the gifts and the outward works, none should, because of these, esteem himself good, nor regard himself better than others. Rather, every man should estimate his own goodness by his faith. Faith is something all Christians have, though not in equal measure, some possessing more and others less.

그러나 바울은 아무리 다양한 은사와 외부로 드러나는 행실들이 있다 해도 누구도 자기를 남보다 더 좋고 낮게 여기면 안 된다고 가르치고 있습니다. 오히려 모든 사람들은 선을 믿음으로 평가해야 합니다. 비록 믿음이 모두에게 똑같은 분량은 아니라 해도, 즉 어떤 이는 더 많이 가지고 다른 이는 보다 적게 가지고 있지만 궁극적으로 모든 그리스도인들이 가지고 있습니다.

However, in faith all have the same possession-Christ. The murderer upon the cross, through faith, had Christ in himself as truly as had Peter, Paul, Abraham, the mother of the Lord, and all saints; though his faith may not have been so strong. Therefore, though gifts be unequal, the precious faith is the same.

어쨌든 모든 사람들은 믿음 안에서 같은 소유, 즉 예수님을 소유합니다. 십자가 위에 있던 강도는 비록 베드로, 바울, 아브라함 또는 주님의 어머니 같이 믿음이 그다지 강하지 않았을지라도, 자기 안에 믿음으로 예수님을 소유하였습니다. 그러므로 은사는 동등하지 않을지라도 귀중한 믿음은 동등합니다.

Now, if we are to glory in the treasures of faith only, not in the gifts, every man should esteem another's gifts as highly as his own, and with his own gifts serve that other who in faith possesses equal treasure with him. Then will continue loving harmony and simple faith, and none will fall back upon his own works or merits.

만일 우리가 은사가 아닌 믿음의 보물로만 영광을 드려야 한다면 모든 사람들은 다른 사람의 은사를 자기의 은사처럼 높이 평가해야 하며, 자기의 은사로 동등한 믿음을 소유한 자를 섬겨야 합니다. 그 때에 사랑의 화합과 믿음이 계속될 것이며, 아무도 자기의 선행과 공적으로 전락시키지 않을 것입니다.

4. The Fruits of Faith (Romans 12:1-6)
믿음의 열매 (로마서 12:1-6)

## 5. Born of God (John 1:13)
### 하나님께로부터 난 자 (요한복음 1:13)

**John Bunyan** | 존 번연

존번연(AD 1628-1688)은 그의 유명한 책 『천로역정』으로 인해 19세기 영문학 세계에서 아낌없는 찬사를 얻었지만, 비국교도 신학자로서의 진가를 인정받지 못했다. 수선공의 아들로 태어난 번연은 찰스 1세와 국회와의 싸움(AD 1642-1646, 1648-1652)에서 국회 편의 군인으로 왕정주의자들과 싸웠다. 번연은 정치적인 문제가 아니라 면허 없이 설교했다는 이유로 감옥에 12년 간 갇히게 되었다. 감옥에서 그는 자서전적인 책 『죄인의 괴수에게 넘치는 은혜』와 『천로역정』(1678년)을 포함하여 많은 책을 저술했다. 이 설교는 1688년 8월 19일에 전한 그의 마지막 설교로 알려지고 있는데, 내용에는 선택에 관한 칼빈주의적 색채가 농후하며, 하나님의 자녀됨에 관한 말씀이 포함되어 있다.

"Which were born, not of blood, nor of the will of the flesh, nor of the will of man, but of God"(John 1:13). The words have a dependence on what goes before, and therefore I must direct you to them for the right understanding of it. You have it thus: "He came unto his own, and his own received him not; bit as many as received him, to them gave he power to become the sons of God, even to them that believe on his name: which were born, not of blood, nor of the will of the flesh but of God"(John 1:11-13).

"이는 혈통으로나 육정으로나 사람의 뜻으로 나지 아니하고 오직 하나님께로서 난 자들이니라"(요 1:13). 이 말씀은 앞의 구절에 연관되어 있기 때문에 본문을 올바로 이해하기 위해 앞의 구절을 보여드리겠습니다. 다음과 같이 기록되어 있습니다. "자기 땅에 오매 자기 백성이 영접지 아니하였으나 영접하는 자 곧 그 이름을 믿는 자들에게는 하나님의 자녀가 되는 권세를 주셨으니 이는 혈통으로나 육정으로나 사람의 뜻으로 나지 아니하고 오직 하나님께로서 난 자들이니라"(요 1:11-13).

In the words before, you have two things. First, some of his own rejecting him, when he offered himself to them. Second, others of his own receiving him, and making him welcome; those that reject him, he also passes by; but those that receive him, he gives them power to become the sons of God.

앞 절 말씀에서 두 가지를 알 수 있습니다. 첫째로 예수님이 그의 백성에게 자신을 나타내셨을 때 백성들 중 어떤 이들은 거절했다는 것과, 둘째로 백성들 중 다른 이들은 그를 환영했다는 것입니다. 예수님은 자신을 거절한 사람들을 지나쳐 가시지만, 그를 영접하는 사람들에게는 하나님의 자녀가 되는 권세를 주십니다.

Now, lest any one should look upon it as good luck or fortune, says he, "they were born, not of blood, nor of the will of the flesh, nor of the will of man, but of God." They that did not receive him, they were only born of flesh and blood; but those that receive him, they have God to their Father; they receive the doctrine of Christ with a vehement desire.

사람들이 하나님의 자녀가 되는 권세를 행운이나 운수로서 생각하면 안 되기 때문에 예수님은 "그들은 혈통으로나 육정으로나 사람의 뜻으로 나지 아니하고 오직 하나님께로서 난 자들이니라"고 말씀하십니다. 영접하지 않는 자들은 육체와 혈통으로 난 자들입니다. 그러나 영접한 자들은 하나님을 그들의 아버지로 믿고 있으며, 열렬히 사모하는 마음으로 그리스도의 교리를 배우고 있습니다.

To explain the text; First, I will show you what he means 'by blood.' They that believe are born to it, as an heir is to an inheritance they are born of God; not of flesh, nor of the will of man, but of God;

5. Born of God (John 1:13)
하나님께로부터 난 자 (요한복음 1:13)

not of blood, that is, not by generation, not born to the kingdom of heaven by the flesh, not because I am the son of a godly man or woman that is meant by blood.

본문을 설명하면, 첫째로 '혈통으로 난 자'라는 뜻이 무엇인지 말씀드리겠습니다. 상속자가 상속을 받는 것처럼 믿는 자들은 하나님께로부터 태어나는 것이며, 육체나 인간의 뜻으로 태어나는 것이 아닙니다. 혈통으로 태어나지 않는다는 것은 다시 말해 출산으로 말미암지 않는 것을 의미하며, 육신으로는 천국 백성으로 태어날 수 없다는 뜻입니다. 혈통으로 태어났다는 것은 내가 경건한 자의 아들이기 때문도 아니라는 것입니다.

But when he says here, 'not of blood', he rejects all carnal privileges they did boast of: they boasted they were Abraham's seed; no, no, says he, "it is not of blood; think not to say you have Abraham to your father; you must be born of God, if you go to the kingdom of heaven."

그가 여기에서 '혈통으로 아니하고'라고 말했을 때, 이것은 인간이 자랑하는 모든 속세의 특권을 거절하는 것입니다. 그들은 아브라함의 자손임을 자랑했습니다. 그는 "아니다, 아니다. 혈통으로 나는 것이 아니다. 아브라함이 너희 조상이라고 말하기를 생각조차 하지 말라. 천국에 가려면 하나님께로부터 태어나야 한다."라고 말씀하십니다.

Second, 'Nor of the will of the flesh.' What must we understand by that? It is taken for those vehement inclinations that are in man, to all manner of looseness, fulfilling the desires of the flesh: that must not be understood here; men are not made the children of God by fulfilling their lustful desires, It must be understood here in the best sense: there is not only in carnal men a will to be vile, but there is in them a will to be saved also; a will to go to heaven also. But this it will not do; it will not privilege a man in the things of the kingdom of God.

둘째로 '육체의 뜻으로 아니하고' 라는 말은 무슨 뜻으로 이해해야 합니까? 이 뜻을 '육체의 정욕을 채우기 위한' '방종의 모든 방식들에 이르기까지 하는' '사람 안에 내재해 있는 열렬한 체질적 경향' 이라고 잘못 알고 있습니다. 여기에서는 그런 뜻으로 이해하면 안 됩니다. 인간은 색욕적인 욕구를 채우는 방법으로 하나님의 자녀가 되지 않습니다. 가장 좋은 뜻으로 이해해야 합니다. 세속적인 사람 안에는 타락할 수 있는 의지가 있을 뿐 아니라 구원 받을 수 있는 의지도 있으며, 천국에 갈 수 있는 의지도 있습니다. 그러나 의지로는 이렇게 되지 않을 것입니다. 의지가 천국의 것을 소유할 수 있는 특권을 인간에게 부여하지 않습니다.

I am not a free-willer, I do abhor it; yet there is not the wicked man but he desires, some time or other, to be saved; he will read some time or other, or, it may be, pray, but this will not do: 'It is not of him that willeth, nor of him that runneth, but of God that sheweth mercy' (Rom 9:16). There is willing and running and yet to no purpose.

나는 자유의지주의자는 아닙니다. 나는 자유의지를 거부합니다. 그러나 구원받기를 원하지 않을 만큼 악독한 사람은 없습니다. 그도 가끔 성경을 읽습니다. 어쩌면 기도도 할지 모릅니다. 그러나 그 의지로 되지 않습니다. "그런즉 원하는 자로 말미암음도 아니요 달음박질하는 자로 말미암음도 아니요 오직 긍휼히 여기시는 하나님으로 말미암음이니라"(롬. 9:16). 원함도 있고 달려감도 있지만 여전히 목적은 없습니다.

Nature, it cannot know anything but the things of nature the things of God knows no man but by the Spirit of God; unless the Spirit of God be in you, it will leave you on this side the gates of heaven. "Not of blood, nor of the will of the flesh, nor of the will of man, but of God."

자연은 자연의 것들 외에는 알 수 없습니다. 하나님의 것은 하나님의 영으로 하지 않고는 알 수 없습니다. 하나님의 영이 여러분 안에 있지 않으면 천국문 이편에 남겨지게 될 것입니다. "혈통으로부터 난 것이 아니고, 육체의 뜻으로 난 것도 아니고, 인간의 뜻으로 난 것도 아니고, 오직 하나님으로부터 난 것입니다."

It may be, some may have a will, a desire that Ishmael may be saved; know this, it will not save thy child. If it was our will, I would have you all go to heaven. How many are there in the world that pray for their children, and cry for them, and are ready to die for them? And this will not do. God's will is the rule of all; it is only through Jesus Christ.

어떤 사람은 이스마엘이 구원을 받았으면 하는 뜻과 소원을 가지고 있을 것입니다. 하지만 이것을 알아야 합니다. 당신의 의지가 당신의 아이를 구원하지는 못할 것입니다. 만일 그것이 우리의 의지에 달려 있다면 나는 여러분 모두를 천국으로 데려갈 것입니다. 자녀들을 위해 기도하고 자녀들을 위해 부르짖고 자녀들을 대신해 죽을 준비가 된 부모들이 이 세상에 얼마나 많습니까? 그렇다고 되지 않습니다. 하나님의 뜻은 범사에 법칙이 있습니다. 그것은 오직 예수 그리스도를 통해서 이루어집니다.

Now I come to the doctrine. Men that believe in Jesus Christ, to the effectual receiving of Jesus Christ, they are born to it. He does not say they shall be born to it, but they are born to it. "Except a man be born again, he cannot see the kingdom of God"(John 3:3). Now, unless he be born of God, he cannot see it: he cannot see it before he be begotten of God. He cannot see it before he be brought into a state of regeneration. Believing is the consequence of the new birth; 'not of blood, nor of the will of man, but of God'.

5. Born of God (John 1:13)
하나님께로부터 난 자 (요한복음 1:13)

이제 교리의 입장에서 살펴봅시다. 예수 그리스도를 믿는 사람, 즉 예수 그리스도를 영접하는 사람은 하나님으로부터 태어납니다. 그는 하나님으로부터 '태어날 것이다' 가 아니라 '태어난다' 고 말씀하셨습니다. "사람이 거듭나지 아니하면 하나님 나라를 볼 수 없느니라"(요 3:3). 하나님으로부터 태어나지 않으면 천국을 볼 수 없습니다. 하나님으로부터 태어나기 전에는 천국을 볼 수 없습니다. 중생의 단계에 이르기 전에는 천국을 볼 수 없습니다. 믿는 것은 새로 태어남의 결과입니다. 혈통으로나 사람의 뜻으로 난 것이 아니라 하나님께로부터 난 것입니다.

First, I will give you a clear description of it under one similitude or two. A child, before it be born into the world, is in the dark dungeon of its mother's womb: so a child of God, before he be born again, is the dark dungeon of sin, sees nothing of the kingdom of God.

첫째로, 한두 가지 비유를 들면서 하나님으로부터 태어남에 대해 자세히 설명하겠습니다. 아이는 태어나기 전 어머니의 어두운 태중에 있습니다. 하나님의 자녀도 마찬가지로 태어나기 전에는 어두운 죄의 감옥에 있습니다. 그래서 하나님 나라를 볼 수 없습니다.

Second, compared to a birth, resembling a child in his mother's womb, so it is compared to a man being raised out of the grave; and to be born again, is to be raised out of the grave of sin; "Awake, thou that sleepest, and arise from the dead, and Christ shall give thee light"(Eph. 5:14). To be raised from the grave of sin is to be begotten and born; there is a famous instance of Christ; He is 'the first begotten of the dead'; He is the first-born from the dead.

둘째로, 어머니의 태중에서부터 엄마를 닮아가는 아이의 출생에 비유한다면, 마찬가지로 무덤에서부터 다시 살아나는 사람에 비유됩니다. 거듭나는 것은 죄의 무덤에서 일어나는 것을 말합니다. "잠자는 자여 깨어서 죽은 자들 가운데서 일어나라 그리스도께서 네게 비취시리라"(엡 5:14). 죄의 무덤에서 일어난다는 말은 '낳는다' 또는 '태어난다' 는 의미입니다. 그리스도에 관해 잘 알려진 구절이 있습니다. 그는 '죽은 자 가운데 처음 난 자' 입니다. 그는 죽은 자들로부터 첫번째로 다시 태어난 자입니다.

If you be born again by seeking those things that are above, then there is a similitude betwixt Christ's resurrection and the new birth; which was restored out of this dark world, and translated out of the kingdom of this dark world, into the kingdom of his dear Son, and made us live a new life this is to be born again; and he that is delivered from the mother's womb, it is by the help of the mother; so he that is born of God, it is by the Spirit of God.

여러분이 위의 것을 찾음으로 해서 거듭나면 그리스도의 부활과 새로 태어남을 경험하게 될 것입니다. 여러분이 어두움의 세계에서 나와 회복된 것, 어두운 세계의 왕국에서부터 하나님의 사랑하시는 아들의 왕국으로 옮겨진 것, 우리를 새 생명으로 살게 하신 것-이것이 거듭남을 의미합니다. 어머니의 태중으로부터 나온 아이는 어머니의 도움으로 이루어진 것처럼 하나님으로부터 태어난 자들은 하나님의 영으로 이루어진 것입니다.

I must give you a few consequences of a new birth. First of all, a child, you know, is incident to cry as soon as it comes into the world; for if there be no noise, they say it is dead. You that are born of God, and Christians, if you be not criers, there is no spiritual life in you if you be born of God, you are crying ones; as soon as he has raised you out of the dark dungeon of sin, you cannot but cry to God, What must I do to be saved?

거듭남의 결과에 대해 몇 가지 말씀드리겠습니다. 첫째로, 아시다시피 아기가 세상에 나오자마자 울게 됩니다. 울음소리가 없다면 아기가 죽은 것입니다. 하나님으로부터 태어난 여러분, 즉 그리스도인들이 울지 않는다면 여러분 안에 있는 영적인 생명이 없는 것입니다. 여러분이 하나님으로부터 태어난다면 여러분은 우는 사람입니다. 그가 여러분을 어두운 죄의 감옥에서 끌어내자마자 여러분은 하나님께 부르짖지 않을 수 없습니다. 내가 어떻게 해야 구원을 받을 수 있습니까?

Second, it is not only natural for a child to cry, but it must crave the breast; it cannot live without the breast. The new born babe desires the sincere milk of the Word, that he may grow thereby. Do you long for the milk of the promises? A man lives one way when he is in the world, another way when he is brought unto Jesus Christ. They shall suck and be satisfied, if you be born again, there is no satisfaction till you get the milk of God's word into your souls.

둘째로, 아기가 우는 것은 당연한 것이며, 젖을 갈망함에 틀림이 없습니다. 젖 없이는 살 수 없습니다. 거듭난 사람은 말씀의 신령한 젖을 사모합니다. 그래서 그가 성장하게 됩니다. 약속의 젖을 갈망하십니까? 사람은 세상에 있을 때는 육신적인 방법으로 살며, 예수 그리스도께로 왔을 때는 영적으로 삽니다. 사람들은 젖을 빨며 만족해합니다. 거듭났지만 하나님의 말씀의 젖을 먹지 않으면 만족이 없습니다.

Third, a child that is newly born, if it have not other comforts to keep it warm than it had in its mother's womb, it dies; it must have something got for is succor: so Christ had swaddling clothes prepared for him; so those that are born again, they must have some promise of Christ to keep them alive; those that are in a carnal state, they warm themselves with other things; but those that are born again, they cannot live without some promise of Christ to keep them alive.

셋째로, 만일 새로 태어난 아이가 어머니 태중에 있던 온기를 계속 따뜻하게 유지할 수 있는 이불이 없다면 아이는 죽습니다. 아이는 구조받기 위해 어떤 것이 있어야 합니다. 그래서 아기 예수는 자신을 위해 준비된 강보에 싸였습니다. 이와 같이 거듭난 사람은 계속 생명을 유지하기 위해 그리스도의 약속이 필요합니다. 세속적인 사람은 다른 것으로 자신을 따뜻하게 하지만 거듭난 사람은 생명을 유지케 하는 그리스도의 약속 없이는 살 수 없습니다.

When women are with child, what fine things will they prepare for their child! Oh, but what fine things has Christ prepared to wrap all in that are born again! Woman will dress their children, that every one may see them how fine they are; so he did: "I decked thee also with ornaments, and I put bracelets upon thine hands, and a chain on thy neck; and I put a jewel on thy forehead, and earrings in thine ears, and a beautiful crown upon thine head."(Eze. 16:11-12). This is to set out nothing in the world but the righteous of Christ and the graces of the Spirit without which a new born babe cannot live.

여인들이 아이를 가질 때 아이를 위해 얼마나 좋은 것을 준비합니까! 오, 그리스도는 거듭난 자를 입히기 위해 얼마나 좋은 것으로 준비하셨는지요! 여인은 아이에게 옷을 입혀 아이가 얼마나 멋있는지 모든 사람들이 볼 수 있게 합니다. 그리스도도 이와 같이 했습니다. "패물을 채우고 팔 고리를 손목에 끼우고 사슬을 목에 드리우고 코고리를 코에 달고 귀고리를 귀에 달고 화려한 면류관을 머리에 씌웠나니"(겔 16:11-12). 이 구절은 이 세상에 그리스도의 의와 성령의 은혜만이 세상 있다는 말씀이며, 그것이 없이는 새로 태어난 아이가 살 수 없다는 말씀입니다.

Fourth, a child when it is in its mother's lap, the mother takes great delight to have that which will be for its comfort; so it is with God's children, they shall be kept on his knee; 'They shall suck and be satisfied with the breasts of her consolations.' 'As one whom his mother comfort, so will I comfort you.' There is a similitude in these things that nobody knows of, but those that are born again.

넷째로, 아이가 어머니의 무릎에 누워 있을 때 어머니는 아이에게 편안함을 제공하고 크게 기뻐합니다. 하나님의 자녀들에게도 마찬가지입니다. 그들은 하나님의 무릎에 있을 것입니다. "그들이 젖을 빠는 것같이 그 위로하는 품에서 만족하리라." "어미가 자녀를 위로하는 것 같이 나도 너희를 위로하리라." 이러한 말씀 속에는 거듭난 자들 외에는 아무도 모르는 비유의 말씀이 있습니다.

Fifth, there is usually some similitude betwixt the father and the child. It may be the child looks like its father; so those that are born again, they have a new similitude they have the image of Jesus Christ. Every one that is born of God has something of the features of heaven upon him. Men love those children that are likest them most usually; so does God his children, therefore they are called the children of God; but others do not look like him, there fore they are called Sodomites.

5. Born of God (John 1:13)
하나님께로부터 난 자 (요한복음 1:13)

다섯째로, 아버지와 자녀 간에는 보통 몇 가지의 유사점이 있습니다. 아이는 아버지와 비슷하게 보입니다. 이와 같이 거듭난 자들은 새롭게 닮은 모습이 있습니다. 그것은 예수 그리스도의 형상입니다. 하나님께로부터 난 자는 하늘의 특징적인 어떤 것을 갖게 됩니다. 대개 사람들은 자신과 가장 닮은 자녀를 사랑합니다. 이와 같이 하나님도 자신을 가장 닮은 자녀를 사랑합니다. 그러므로 그들은 하나님의 자녀라고 불리게 됩니다. 그러나 다른 사람들은 하나님과 닮아 보이지 않습니다. 그러므로 그들은 소돔 사람이라고 말합니다.

Sixth, when a man has a child, he trains him up to his own liking they have learned the custom of their father's house; so are those that are born of God they have learned the custom of the true church of God: there they learn to cry 'My Father' and 'My God': they are brought up in God's house, they learn the method and for of God's house, for regulating their lives in this world.

여섯째로, 사람이 자녀가 있을 때 그는 자신의 마음에 원하는 대로 자녀를 훈련시킵니다. 자녀들은 아버지 집의 관습을 배웁니다. 하나님으로부터 난 자들도 이와 같이 합니다. 그들은 하나님의 교회의 관습을 배웁니다. 그들은 '나의 아버지' '나의 하나님'이라고 부르기를 배웁니다. 또한 그들은 하나님의 집에서 자랍니다. 그들은 이 세상에서 그들의 삶을 통제하며 살기 위해 하나님의 집의 방법과 예법을 배웁니다.

Seventh, children, it is natural for them to depend upon their father for what they want; if they want a pair of shoes, they go and tell him; if they want bread, they go and tell him; so should the children of God do. Do you want spiritual bread? Go tell God of it. Do you want strength of grace? Ask it of God.

일곱째로, 자녀들은 원하는 것을 아버지에게 의존하며 이것을 당연하게 여깁니다. 신발을 원하면 가서 말합니다. 빵을 원하면 가서 말합니다. 하나님의 자녀들도 이와 같이 해야 합니다. 영적인 양식을 원하십니까? 하나님께 말씀하십시오. 은총의 능력을 원하십니까? 하나님께 구하십시오.

Do you want strength against Satan's temptations? Go and tell God of it. When the devil tempts you, run home and tell your heavenly Father-go, pour out your complaints to God; this is natural to children; if any wrong them, they go and tell their father; so do those that are born of God, when they meet with temptations go and tell God of them

사탄의 유혹에 이길 힘을 원하십니까? 하나님께 가서 말씀하십시오. 마귀가 유혹하면 집으로 달려가 하늘에 계신 아버지께 말씀하십시오. 가서 하나님께 불평을 쏟아 부으십시오. 어린이에게는 당연한 일입니다. 어떤 사람이 나쁜 짓을 한다면 아이들은 아버지에게 가서 말합니다. 이와 같이 하나님으로 부터 난 자들도 그렇게 합니다. 유혹을 받을 때 하나님께 가서 말합니다.

5. Born of God (John 1:13)
하나님께로부터 난 자 (요한복음 1:13)

Lastly, if you be the children of God, learn that lesson—Gird up the loins of your mind, as obedient children, not fashioning yourselves according to your former conversation; but be ye holy in all manner of conversation. Consider that the holy God is your Father and let this oblige go you to live like the children of God, that you may look your Father in the face, another day.

마지막으로 여러분들이 하나님의 자녀라면 이 교훈을 배워야 합니다. 과거의 사교를 좇아 따라가지 말며, 순종의 자녀로서 마음의 허리를 동이십시오. 모든 사교 방식에 있어서 거룩하십시오. 거룩한 하나님은 당신의 아버지이십니다. 여러분 부디 하나님의 자녀처럼 사시길 바랍니다. 그래서 언젠가 여러분이 아버지의 얼굴을 뵐 수 있기 바랍니다.

# 6. Christian Perfection (Philippians 3:12)
## 그리스도인의 완전 (빌립보서 3:12)

John Wesley | 존 웨슬리

존웨슬리(AD 1703-1791)는 비국교도의 목사인 사무엘 웨슬리의 둘째 아들로 태어났다. 그는 영국 국교회의 목사였으며, 복음전도자이자 감리교회의 창시자였다. 옥스퍼드 대학을 졸업하고 그의 동생 찰스 웨슬리(AD 1707-1788)와 함께 홀리 클럽을 세워 성경 공부를 시작했다. 규칙적인 공부와 헌신의 특징 때문에 '메서디스트' 라는 별명을 갖게 되었다. 동생과 함께 신대륙 인디언들에게 선교하러 갔으나 실패했으며, 그 후 런던에서 모라비언인 피터 뵈럴을 만나 큰 감동을 받게 되었다. 1738년 5월 24일 올더스게이트에 있는 교회에서 루터의 『로마서 강해』 머리말을 들은 것이 그의 지적인 신념이 개인적 만남의 경험으로 변화되는 계기가 되었다. 35세 때부터 그는 믿음을 통한 구원의 복음을 전하기 시작했고, 영국 국교회에서 그의 열정을 환영하지 않자 잃어버린 영혼을 위해 전도하기 시작했다.

In the first place I shall endeavor to show in what sense Christians are 'not perfect'. And both from experience and Scripture it appears. First, that they are not perfect in knowledge: they are not so perfect in this life as to be free from ignorance. They know, it may be, in common with other men, many things relating to the present world; and they know, with regard to the world to come, the general truths which God hath revealed. They know, likewise, "what manner of love" it is wherewith "the Father" hath loved them, "that they should be called the sons of God"(1 John 3:1).

우선, 그리스도인들이 어떤 의미에서 '완전하지 않은지'에 대해 경험과 성경을 통해 알아보겠습니다. 첫째로, 그리스도인들은 지식에 완전하지 않으며, 그들은 무지에서 벗어나기에는 너무 불완전합니다. 그들은 어쩌면 다른 사람들과 같이 이 세상에 관련된 많은 일들을 더 잘 알 것입니다. 또한 그들은 하나님 나라에 관해 하나님이 계시하신 일반적 진리를 알 것입니다. 마찬가지로 그들은 "아버지"께서 "어떠한 사랑"을 그들에게 주사 "하나님의 자녀로 일컬음을 받게 하셨는지"도 잘 알고 있습니다(요일 3:1).

They know the mighty working of his Spirit in their hearts(Eph. 3:16) and the wisdom of his providence, directing all their paths(Prov. 3:6) and causing all things to work together for their good(Rom. 8:28). Yea, they know in every circumstance of life what the Lord require of them, and how to keep a conscience void of offence both toward God and toward man(Acts 24:16).

그리스도인들은 성령으로 말미암아 자신들의 속사람을 능력으로 강건하게 하심(엡 3:16)을, 그들의 길을 인도하시는 섭리의 지혜(잠 3:6)를, 그리고 모든 일에 합력하여 선을 이루게 하심(롬 8:28)을 알고 있습니다. 그렇습니다. 그들은 인생의 모든 환경에서 주님이 무엇을 요구하시는지, 하나님과 사람을 향해 어떻게 양심에 거리낌이 없게 하시는지 알고 있습니다(행 24:16).

But innumerable are the things which they know not. Touching the Almighty himself, they cannot search him out to perfection. "Lo, these are but a part of his ways; but the thunder of his power who can understand?"(Job 26:14). They cannot understand, I will not say, how "there are Three that bear record in heaven, the Father, the Son, and the Holy Spirit, and these three are one"(1 John 5:8) or how the eternal Son of God "took upon himself the form of a servant" (Phil. 2:7).

그러나 그들이 모르는 것도 셀 수 없이 많습니다. 전능자 그 분을 만나는 것에 대해 그들은 그를 완전하게 찾을 수 없습니다. "이런 것은 그 행사의 시작점이요 그 큰 능력의 우뢰야 누가 능히 측량하랴"(욥 26:14). 내가 여기에서 다 말할 수는 없지만, 그들은 "어떻게 하늘이 증거하는 이가 셋이며, 어떻게 성부와 성자와 성령 셋이 한 분인지"(요일 5:8), 어떻게 영원한 하나님의 아들이 "친히 종의 형체를 취하셨는지"(빌 2:7)에 대해 분명히 이해할 수 없을 것입니다.

Neither is it for them to know the times and seasons(Acts 1:7) when God will work his great works upon the earth; no, not even those which he hath in part revealed by his servants and Prophets since the world began(Amos 3:7). Much less do they know when God, having "accomplished the number of his elect, will hasten his kingdom" when "the heavens shall pass away with a great noise, and the elements shall melt with fervent heat"(2 Pet. 3:10).

그들은 때와 시기를 알 수 없습니다(행 1:7). 언제 하나님이 그의 위대한 일을 세상에서 하실지, 창조 이후 하나님이 선지자들을 통한 부분적인 계시들(암 3:7), 선택한 자의 숫자가 다 찬 후에 언제 하나님이 그의 왕국을 속히 오게 할지, 언제 하늘이 큰 소리로 떠나가고 체질이 뜨거운 불에 풀어질지(벧후 3:10)를 알지 못합니다.

Yea, often with regard to his dealings with themselves, doth their Lord say unto them, "What I do, thou know not now; but thou shalt know hereafter"(John 13:7). And how little do they know of what is ever before them, of even the visible works of his hands! How "he spread the north over the empty place, and hang the earth upon nothing?"(Job 26:7); how he unites all the parts of this vast machine by a secret chain which cannot be broken? So great is the ignorance, so very little the knowledge, of even the best of men! No one, then, is so perfect in this life, as to be free from ignorance.

그렇습니다. 주님께서 그의 제자들을 가르치실 때 종종 "나의 하는 것을 네가 이제는 알지 못하나 이후에는 알리라"(요 13:7)라고 말씀하십니다. 그들은 그의 앞에 무엇이 놓여 있는지, 심지어 손으로 하는 보이는 일도 아는 것이 거의 없습니다. 어떻게 "그는 북편 하늘을 허공에 펴시며 땅을 공간에 다시며"(욥 26:7)도 그렇습니다. 어떻게 그가 이 거대한 기계의 모든 부품들을 깨지지 않는 비밀의 쇠사슬로 매어 놓는지, 위인들이라고 할지라도 그들의 무식은 그렇게 크고 그들의 지식은 그렇게 작습니다. 그러므로 이 인생에서 아무도 무지에서 벗어나지 못하는 것 같이 완전하지 않습니다.

Nor, Secondly, from mistake; which indeed is almost an unavoidable consequence of it; seeing those who "know but in part"(1 Cor. 13:12) are ever liable to err touching the things which they know not. It is true, the children of God do not mistake as to the things essential to salvation: They do not "put darkness for light, or light for darkness"(Isa. 5:20) neither "seek death in the error of their life" (Wisdom 1:12). For they are "taught of God," and the way which he teaches them, the way of holiness, is so plain, that "the wayfaring man, though a fool, need not err therein"(Isa. 35:8).

둘째로, 실수에서 벗어나지 못합니다. 실수의 결과는 대부분 피할 수 없는 것입니다. "부분적으로 아는"(고전 13:12). 사람들은 그들이 알지 못하는 것을 취급하면서 잘못을 저지를 수밖에 없습니다. 하나님의 자녀들이 구원에 필수적인 것들에 관해서 실수하지 않는 것은 사실입니다. 그들은 "흑암으로 광명을 삼으며 광명으로 흑암을 삼으며"(사 5:20) "그들의 삶의 과실로 죽음을 구하지"(지혜서 1:12) 않습니다. 그들은 하나님에 관해서 배웠고, 그들에게 가르친 거룩함의 도는 매우 분명히 나타나 "우매한 행인은 그 길을 범치 못할 것"(사 35:8)입니다.

But in things unessential to salvation they do err, and that frequently. And hence cannot but arise many farther mistakes. Hence they may believe either past or present actions which were or are evil, to be good; and such as were or are good, to be evil. Hence also they may judge not according to truth with regard to the characters of men; and that, not only by supposing good men to be better, or wicked men to be worse, than they are, but by believing them to have been or to be good men who were or are very wicked.

그런데 구원에 영향을 주지 않은 일들에 대해 그들은 잘못을 행할 뿐 아니라 자주 저지릅니다. 결국 더 많은 실수를 저지를 수밖에 없습니다. 그래서 그들은 과거 또는 현재의 나쁜 행동들을 좋다고 믿을지도 모릅니다. 또는 과거와 현재의 좋은 행동이 나쁘다고 믿을지도 모릅니다. 그래서 그들은 좋은 사람을 더 좋은 사람으로, 악한 사람을 본래보다 더 악한 사람으로 추측

할 뿐 아니라, 과거에 매우 악했던 사람이나 현재에도 악한 사람을 과거에는 좋은 사람이었고 현재에도 좋은 사람이라고 믿으면서 사람의 인격에 관해 진리대로 판단하지 않을지도 모릅니다.

Nay, the best of men are liable to mistake, and do mistake day by day; especially with respect to those parts thereof which less immediately relate to practice. Hence even the children of God are not agreed as to the interpretation of many places in holy writ: Nor is their difference of opinion any proof that they are not the children of God on either side; but it is a proof that we are no more to expect any living man to be infallible than to be omniscient. Even Christians, therefore, are not so perfect as to be free either from ignorance or error:

오히려 위인들이라고 할지라도 실수를 범하기 쉽고 매일 실수를 범합니다. 특히 실천하는 데 즉각적으로 관련 없는 부분에서도 그렇습니다. 그래서 하나님의 자녀들은 성경의 많은 부분에서 해석에 동의하지 않습니다. 그들의 의견이 다르다고 해서 어느 편이든 하나님의 자녀가 아니라는 어떤 증거는 없습니다. 그러나 살아 있는 인간이 무흠하고 전지하지 않다고 생각하는 증거는 있습니다. 그러므로 그리스도인들이라도 무지와 잘못을 벗어나기에는 너무나 불완전합니다.

We may, Thirdly, add, nor from infirmities. Only let us take care to understand this word aright: Only let us not give that soft title to known sins, as the manner of some is. So, one man tells us, "Every man has his infirmity, and mine is drunkenness." Another has the infirmity of uncleanness; another of taking God's holy name in vain; and yet another has the infirmity of calling his brother, "Thou fool," (Matt. 5:22) or returning "railing for railing"(1 Pet. 3:9).

셋째로, 우리는 연약함으로부터 벗어나기 어렵습니다. 이 말을 잘 이해해야 합니다. 알려진 죄에 대해 어떤 이의 습성이라고 해서 부드러운 칭호를 붙이지 맙시다. 그래서 어떤 사람은 "모든 사람은 자신의 약점이 있는데 나의 약점은 술 취하는 것입니다"라고 말하기도 합니다. 어떤 사람은 불결한 약점이 있고, 어떤 사람은 하나님의 이름을 망령되이 일컫는 약점이 있습니다. 어떤 사람은 자기 형제를 "미련한 놈"(마 5:22)이라고 욕하는, 혹은 "폭언을 위한 폭언을 하는"(벧전 3:9) 약점이 있습니다.

It is plain that all you who thus speak, if ye repent not, shall, with your infirmities, go quick into hell! But I mean hereby, not only those which are properly termed 'bodily infirmities', but all those inward or outward imperfections which are not of a moral nature. Such are the weakness or slowness of understanding, dulness or confusedness of apprehension, incoherency of thought, irregular quickness or heaviness of imagination.

그렇게 말하는 당신들이 회개하지 않으면 허물을 가지고 지옥에 빨리 가게 될 것이 분명합니다. 여기에서 내가 언급하는 것은 '신체의 약점'을 가진 사람들을 말하는 것이 아니라 도덕적 본질에 속한 것이 아니지만 내·외적 결점이라고 할 수 있는 그 모든 것입니다. 이런 것들은 이해의 부족이나 이해의 느림, 견해의 둔감이나 혼동, 사고의 모순, 상상력의 둔화나 불규칙 성급함 등입니다.

Such is the want of a ready or of a retentive memory. Such in another kind, are those which are commonly, in some measure, consequent upon these; namely, slowness of speech, impropriety of language, ungracefulness of pronunciation; to which one might add a thousand nameless defects, either in conversation or behaviour.

이런 것들은 준비나 기억력의 부족입니다. 이런 것들을 다른 종류로 말하면 보통 다소간 다음과 같은 것들의 결과로 나타나게 되는데, 즉 말의 우둔함, 언어의 무례, 발음의 천박함입니다. 여기에 혹자는 우리의 대화 혹은 태도에서 이름 없는 수많은 결점들을 덧붙일 수 있을 것입니다.

These are the infirmities which are found in the best of men, in a larger or smaller proportion. And from these none can hope to be perfectly freed till the spirit returns to God that gave it(Eccles, 12:7).

이런 것들은 크든지 작든지 위인들에게서도 발견되는 약점들입니다. 영이

6. Christian Perfection (Philippians 3:12)
그리스도인의 완전 (빌립보서 3:12)

하나님께로 돌아갈 때까지(전 12:7) 아무도 이런 것들로부터 완전하게 벗어나기를 희망할 수 없습니다.

Christian perfection, therefore, does not imply an exemption either from ignorance or mistake, or infirmities or temptations. Indeed, it is only another term for holiness. They are two names for the same thing. Thus every one that is perfect is holy, and every one that is holy is, in the Scripture sense, perfect. Yet we may, lastly, observe, that neither in this respect is there any absolute perfection on earth.

그러므로 그리스도인의 완전은 무지 혹은 실수, 약점 혹은 유혹으로부터의 면제를 뜻하지 않습니다. 진실로 그리스도인의 완전은 거룩함을 나타내는 다른 용어입니다. 같은 뜻을 나타내는 두 가지 이름입니다. 그래서 완전한 사람들은 모두 거룩합니다. 거룩한 모든 사람들은 성서적 의미에서 완전합니다. 그렇지만 마지막으로 우리가 주목할 것은 이런 면에서 지구상에 절대적 완전함이란 없다는 것입니다.

In what sense, then, are Christians perfect? This is what I shall endeavor, in the Second place, to show. But it should be premised, that there are several stages in Christian life, as in natural; some of the children of God being but new-born babes; others having attained to more maturity. And accordingly St. John, in his first Epistle(1 John 2:12), applies himself severally to those he terms little children, those he styles young men, and those whom he entitles fathers.

그렇다면 그리스도인들은 어떤 의미에서 완전합니까? 이것이 내가 두 번째로 말하려고 하는 것입니다. 그리스도인의 생활은 인생사와 같이 여러 단계가 있다는 것을 전제해야 합니다. 하나님의 자녀 중 어떤 이들은 갓난아기이며, 다른 자녀들은 더욱 성숙한 단계에 도달했습니다. 성 요한은 그의 첫 서신에서(요일 2:12) 그가 아이들이라고 부른 사람, 젊은 사람이라고 부른 사람, 아비들이라고 부른 사람 등 여러 가지 이름을 붙였습니다.

"I write unto you, little children," saith the Apostle, "because your sins are forgiven you": Because thus far you have attained, – being "justified freely", you "have peace with God, through Jesus Christ" (Rom 5:1). "I write unto you, young men, because ye have overcome the wicked one" or (as he afterwards add,) "because ye are strong, and the word of God abid in you"(1 John 2:13-14). "I write unto you, fathers, because ye have known him that is from the beginning"(1 John 2:13). Ye have known both the Father and the Son and the Spirit of Christ, in your inmost soul. Ye are "perfect men, being grown up to the measure of the stature of the fullness of Christ" (Eph. 4:13).

"아이들아 내가 네게 쓰노니"라고 사도는 말했습니다. "너희 죄가 사하여

6. Christian Perfection (Philippians 3:12)
그리스도인의 완전 (빌립보서 3:12)

졌기 때문에 지금까지 너희는 자유롭게 의롭다함을 얻었으니" "예수 그리스도로 말미암아 하나님과 더불어 화평을 누리자"(롬 5:1). "젊은 사람들아, 내가 너희에게 쓰노니 이는 너희가 악한 자를 이겼음이니라" 혹은 (그가 후에 추가한 것 같이) "이는 너희가 강하고 하나님의 말씀이 너희 안에 있으며" (요일 2:13-14). "아비들아 내가 너희에게 쓰노니 이는 너희가 태초부터 계신 줄을 알았고"(요일 2:13). 너희는 아버지와 아들과 그리스도의 영을 알았음이니라. 너희는 "온전한 사람을 이루어 그리스도의 장성한 분량이 충만한 데까지 이르느니"(엡 4:13).

Now the Word of God plainly declares, that even those who are justified, who are born again in the lowest sense, "do not continue in sin" that they cannot "live any longer there in"(Rom. 6:1-2) that they are "planted together in the likeness of the death" of Christ(Rom. 6:5) that their "old man is crucified with him", the body of sin being destroyed, so that henceforth they do not serve sin; that being dead with Christ, they are free from sin(Rom. 6:6-7); that they are "dead unto sin, and alive unto God"(Rom. 6:11) that "sin hath no more dominion over them", who are "not under the law, but under grace" but that these, "being free from sin, are become the servants of righteousness"(Rom. 6:14, 18).

하나님의 말씀은 분명하게 의롭다함을 얻은 자라도, 즉 가장 낮은 의미에서 거듭난 자라도 '죄 안에 계속 있지 말라'고 말합니다. 그들은 "더 이상 죄

안에 살 수 없다"(롬6:1-2)고 말합니다. 그들은 그리스도의 "죽으심을 본받아 함께 연합한 자"(롬 6:5)라고 말합니다. 그들의 "옛 사람은 그와 함께 못 박혔다"고 말합니다. 죄의 몸이 죽고 그래서 이제부터 죄를 섬기지 않는다고 말합니다. 그리스도와 함께 죽었으므로 그들은 죄에서 벗어난다 (롬 6:6-7)고 말합니다. 그들은 "죄에 대하여 죽고 하나님에게서 하나님께로 살아난 자"(롬 6:11)라고 말합니다. '죄가 그들을 주관치 못하리니' 이는 그들이 '법 아래 있지 않고 은혜 아래 있다' 고 말합니다. "'죄로부터 벗어난 사람들은 의의 종이 되었다"(롬 6:14, 18)고 말합니다.

And the same freedom, which St. Paul here expresses in such variety of phrases, St. Peter expresses in that one (1 Pet. 4:1-2): "He that hath suffered in the flesh hath ceased from sin, that he no longer should live to the desires of men, but to the will of God." For this 'ceasing from sin', if it be interpreted in the lowest sense, as regarding only the outward behaviour, must denote the ceasing from the outward act, from any outward transgression of the law.

바울이 여기서 그런 다양한 구절로 표현한 자유함을 베드로도 한 구절에서 동일하게 표현하고 있습니다. "그리스도께서 이미 육체의 고난을 받으셨으니 너희도 같은 마음으로 갑옷을 삼으라 이는 육체의 고난을 받은 자가 죄를 그쳤음이니 그 후로는 다시 사람이 정욕을 좇지 않고 오직 하나님의 뜻을 좇아 육체의 남은 때를 살게 하려 함이라"(벧전 4:1-2). '죄를 그침'에 관하여, 만일 이 말을 외부의 행실에 관한 것으로 가장 낮은 의미로 해석한

6. Christian Perfection (Philippians 3:12)
그리스도인의 완전 (빌립보서 3:12)

다면, 외적 행실의 중지, 율법의 외적 위반의 중지를 의미합니다.

But most express are the well-known words of St. John, in the third chapter of his First Epistle, verse 8, & c.: "He that commit sin is of the devil; for the devil sin from the beginning. For this purpose the Son of God was manifested, that he might destroy the works of the devil. Whosoever is born of God doth not commit sin; for his seed remain in him: And he cannot sin because he is born of God"(1 John 3:8-9). And those in the fifth(1 John 5:18): "We know that whosoever is born of God sin not; but he that is begotten of God keep himself, and that wicked one touch him not."

그러나 요한1서 3장 8절 이후에서 요한의 잘 알려진 말씀은 "죄를 짓는 자는 마귀에게 속하나니 마귀는 처음부터 범죄함이니라 하나님의 아들이 나타나신 것은 마귀의 일을 멸하려 하심이니라 하나님께로서 난 자마다 죄를 짓지 아니하나니 이는 하나님의 씨가 그의 속에 거함이요 저도 범죄치 못하는 것은 하나님께로서 났음이라"(요일 3:8-9). 5장에서는 "하나님께로서 난 자마다 범죄치 아니하는 줄을 우리가 아노라 하나님께로서 나신 자가 저를 지키시매 악한 자가 저를 만지지도 못하느니라"(요일 5:18).

He declares, First, the blood of Jesus Christ cleanse us from all sin. Secondly, no man can say, I have not sinned, I have no sin to be cleansed from. Thirdly, but God is ready both to forgive our past sins and to save us from them for the time to come(1 John 1:7-10). Fourthly, "These things I write unto you," saith the Apostle, "that ye may not sin. But if any man" should 'sin', or 'have sinned', (as the word might be rendered,) he need not continue in sin; seeing "we have an Advocate with the Father, Jesus Christ the righteous"(1 John 2:1-2).

그는 첫째로 예수 그리스도의 피가 우리를 모든 죄에서 깨끗케 하셨다고 말합니다. 둘째로 아무도 '나는 죄를 짓지 않았다. 나는 씻을 죄가 없다' 라고 말할 수 없습니다. 셋째로 그러나 하나님은 우리의 과거의 죄를 용서하시기를, 종말에 우리의 과거의 죄로부터 구원하시기를 신속히 하십니다. 넷째로 사도는 "내가 이것을 너희에게 씀은 너희로 죄를 범치 않게 하려함이라"고 말했습니다. 만일 누가 죄를 '범하면' 혹은 '범했다면' (이 단어로 번역할 수 있으므로), "아버지 앞에서 우리에게 대언자가 있으니 곧 의로우신 예수 그리스도"(요일 2:1-2)를 앎으로 그는 계속 죄를 지을 필요가 없습니다.

Thus far all is clear. But lest any doubt should remain in a point of so vast importance, the Apostle resumes this subject in the third chapter, and largely explains his own meaning. "Little children", saith he, "let no man deceive you": "He that doeth righteousness is righteous, even as He is righteous. He that commit sin is of the devil; for the devil sin from the beginning"(1 John 3:7-8).

지금까지 모든 것이 확실합니다. 그러나 어떤 의심의 여지도 남기지 않기 위해 사도는 이 주제를 3장에서 다시 시작합니다. 그리고 주로 자기의 뜻을 설명합니다. "자녀들아 아무도 너희를 미혹하지 못하게 하라 의를 행하는 자는 그의 의로우심과 같이 의롭고 죄를 짓는 자는 마귀에게 속하나니 마귀는 처음부터 범죄함이니라"(요일 3:7-8)

"For this purpose the Son of God was manifested, that he might destroy the works of the devil. Whosoever is born of God doth not commit sin: For his seed remain in him; and he cannot sin, because he is born of God. In this the children of God are manifest, and the children of the devil"(1 John 3:8-10). In conformity, therefore, both to the doctrine of St. John, and to the whole tenor of the New Testament, we fix this conclusion – 'A Christian is so far perfect, as not to commit sin.'

"하나님의 아들이 나타나신 것은 마귀의 일을 멸하려 하심이니라 하나님께로서 난 자마다 죄를 짓지 아니하나니 이는 하나님의 씨가 그의 속에 거함이요 저도 범죄치 못하는 것은 하나님께로서 났음이라 이러므로 하나님의 자녀들과 마귀의 자녀들이 나타나나니"(요일 3:8-10). 그러므로 우리는 사도 요한의 교리와 신약 전체의 말씀에 동일하게 이 결론을 내립니다. '그리스도인은 죄를 짓지 않는 한 완전합니다.'

## 7. The Good Shepherd (John 10:27-28)
### 선한 목자 (요한복음 10:27-28)

**George Whitefield** | 조지 휫필드

조지 휫필드(AD 1714-1770)는 잉글랜드 글로체스터에서 포도주 상인의 아들로 태어났다. 부친이 그의 2살 때 돌아가셔서 가세가 기울자 집안 생계를 맡게 되었다. 주경야독하며 옥스퍼드 대학에 입학했다. 거기서 존 웨슬리를 만난 것은 그의 인생의 전환점이 되었다. 그 후 홀리 클럽의 회원으로 활발하게 활동하였으며, 영국 국교회 목사가 되었다. 그의 목소리는 트럼펫의 우렁찬 소리와 같아서 잉글랜드 사람들을 놀라게 했다. 그는 몸은 외소했지만 마치 거인처럼 강단에서 폭풍을 일으켰다. 그 당시 런던 인구가 70만이었는데 2만 명이 그의 설교를 들으러 모인 적이 있었다. 37년 간 영국과 미국 전역을 다니며 복음을 증거했고, 그의 일생에 1만8천 번을 설교했는데, 대부분 반복한 설교들이고 현재 90여 편의 설교가 남아 있다.

"My sheep hear my voice, and they follow me"(John 10:27). It is very remarkable, there are but two sorts of people mentioned in scripture: it does not say that the Baptists and Independents, nor the Methodists and Presbyterians; no, Jesus Christ divides the whole world into but two classes, sheep and goats: the Lord give us to see this morning to which of these classes we belong.

"내 양은 내 음성을 들으며 저희는 나를 따르느니라"(요 10:27). 성경에서 두 종류의 사람만 있다고 언급한 것은 매우 주목할 만한 부분입니다. 성경은 침례교인과 독립교인이 있다고 말하지 않으며, 감리교인과 장로교인이 있다고 말하지 않습니다. 그런데 예수 그리스도는 이 세상을 양과 염소의 두 종류로 나누셨습니다. 오늘 아침에 주님은 우리가 두 종류 중 어디에 속하는지 알게 하실 것입니다.

If you ask me why Christ's people are called sheep, I will give you a short, and I hope it will be to you an answer of peace. Sheep, you know, generally love to be together; we say a flock of sheep, we do not say a herd of sheep; sheep are little creatures, and Christ's people may be called sheep, because they are little in the eyes of the world, and they are yet less in their own eyes.

만일 여러분이 왜 그리스도의 백성을 양이라고 부르는지 질문한다면 나는 짧게 대답할 것입니다. 그 대답은 평안이라고 생각합니다. 아시는 대로 양은 일반적으로 같이 있기를 좋아합니다. 그래서 우리는 양떼라고 말하며, 양무리라고 말하지 않습니다.(한국말은 거의 구별하고 있지 않지만 영어의 의미에 있어서는 flock이 herd보다 더 밀착된 관계의 뜻이 있다-역자 주) 양은 작은 동물이며 그리스도의 백성들을 양이라고 부릅니다. 세상의 눈으로 볼 때 그들은 작으며, 그들의 눈으로 볼 때 그들은 더 작기 때문입니다.

O, some people think, if the great men were on our side, if we had king, lords, and commons on our side, I mean if they were all true believers, O if we had all the kings upon the earth on our side! Suppose you had: alas! alas! Do you think the church would go on the better? Why, if it were fashionable to be a Methodist at court, if it were fashionable to be a Methodist abroad, they would go with a Bible or a hymnbook, instead of a novel; but religion never thrives under too much sunshine.

만일 위인들이 모두 우리 편이라면, 왕이나 군주 및 평민들이 우리 편이라면, 만일 그들 모두가 진실된 신자들이라면, 아, 만일 지구상의 있는 모든 왕들이 우리 편이라면 얼마나 좋을까 하고 어떤 사람들은 생각합니다. 그렇게 되었다고 추측해 봅시다. 아아, 슬프도다! 여러분은 교회가 더 좋아지리라 생각하십니까? 궁중에서 감리교인이 되는 것이 유행이라면, 해외에서 감리교인이 되는 것이 유행이라면, 그들은 소설 대신에 성경책이나 찬송가를 들고 다닐 것입니다. 그러나 너무 강한 태양 빛 아래서는 신앙심이 결코 성장하지 않습니다.

7. The Good Shepherd (John 10:27-28)
선한 목자 (요한복음 10:27-28)

"Not many mighty, not many noble, are called, but God hath chosen the foolish things of the world to confound the wise, and God hath chosen the weak things of the world to confound the things which are mighty." Dr. Watts says, Here and there I see a king, and here and there a great man, in heaven, but their number is but small.

"하나님은 많은 권세자나 고귀한 사람들을 부르는 것이 아니라 세상의 어리석은 자를 택하여 지혜로운 자를 부끄럽게 하시며, 세상의 약한 자를 택하여 권세자들을 부끄럽게 하십니다." 와트 박사는 여기저기에서 왕을 보고 여기저기에서 위인을 보지만, 천국에서는 그들의 숫자가 매우 적다고 말합니다.

Sheep are looked upon to be the most harmless, quiet creatures that God hath made: O may God, of his infinite mercy, give us to know that we are his sheep. "Learn of me," saith our blessed Lord; what to do? To work miracles? No "Learn of me, for I am meek and lowly in heart."

양은 하나님이 만드신 가장 순진하고 가장 조용한 피조물로 여겨지고 있습니다. 오, 인자가 무한하신 하나님께서 우리는 그의 양임을 알게 하소서. 우리 주님은 "내게 배우라"고 말씀하셨습니다. 무엇을 할 것인가를 배우라는 것입니까? 기적을 행하는 것을 배우라는 것입니까? 아닙니다. "나는 마음이 온유하고 겸손하니 내게 배우라."

A very good man, now living, said once, "if there be any particular temper I desire more than another, it is the grace of meekness, quietly to bear bad treatment, to forget and to forgive: and at the same time that I am sensible I am injured, not to be overcome of evil, but to have grace given me to overcome evil with good."

현존하는 어떤 훌륭한 위인이 이런 말을 했습니다. "만일 어떤 것보다 더 원하는 특별한 기질이 있다면, 그것은 나쁘게 취급당하는 것을 조용하게 견디고, 잊어버리고, 용서하는 온유의 은혜입니다. 동시에 내가 상처 받음을 느낄 때 악에게 지지 않고 오히려 선으로 악을 이기기 위해 나에게 주시는 은혜를 받는 것입니다."

To the honor of Moses, it is declared, that he was the meekest man upon earth. Meekness is necessary for people in power; a man that is passionate is dangerous. Every governor should have a warm temper, but a man of an unrelenting, unforgiving temper, is no more fit for government than Phaethon to drive the chariot of the sun; he only sets the world on fire.

모세에게 존경을 표하자면, 그는 지구상에서 가장 온유한 사람이었다고 성경은 말하고 있습니다. 이 온유함은 권세자들에게도 필요합니다. 정열적인 사람은 위험합니다. 모든 지방장관은 다정한 기질을 가져야 합니다. 그러나 잔악하고 용서하지 않는 사람은 파에톤이 태양 전차를 타고 세상에 화재를 일으켰던 것 같이 정부 행정직에 맞지 않습니다.

You all know, that sheep of all creatures in the world are the most apt to stray and be lost; Christ's people may justly, in that respect, be compared to sheep; therefore, in the introduction to our morning service, we say, "We have erred and strayed from thy ways like lost sheep."

여러분 모두는 세상에 있는 모든 피조물 중 양이 가장 길을 잃기 쉽고 죽기 쉬운 동물임을 알 것입니다. 그리스도의 백성들은 그런 면에서 정확하게 양과 비유될 수 있습니다. 그래서 오늘 아침 예배에서 우리는 "우리는 잘못을 저질렀고 길 잃은 양처럼 당신의 길을 잃어 버렸습니다"라고 말했습니다.

Turn out a horse, or a dog, and they will find their way home, but a sheep wanders about; he bleats here and there, as much as to day, Dear stranger, show me my way home again; thus Christ's sheep are too apt to wander from the fold; having their eye off the great Shepherd, they go into this field and that field, over this hedge and that, and often return home with the loss of their wool.

말과 개를 내쫓아 보십시오. 그들은 집으로 오는 길을 발견할 것입니다.

그러나 양은 헤매게 될 것이고, 오늘처럼 그렇게 많은 양들이 여기저기에서 음메 하고 울게 될 것입니다. 친애하는 나그네 여러분, 나에게 집으로 가는 길을 보여 주십시오. 그리스도의 양들은 우리 밖에서 방황할 경향이 매우 많습니다. 위대한 목자를 보지 못하고 이 들판 저 들판으로 다니며, 이 울타리 저 울타리로 다니며, 때로는 깊은 상처를 입은 채 집으로 돌아옵니다.

But at the same time sheep are the most useful creatures in the world; they manure the land, and thereby prepare it for the seed; they clothe our bodies with wool, and there is not the least part of a sheep but is useful to man: O my brethren, God grant that you and I may, in this respect, answer the character of sheep. He calls them "My sheep"; they are his by purchase.

그러나 동시에 양은 세상에서 가장 유용한 동물입니다. 양은 땅에 거름을 주며, 파종을 하기 좋은 땅이 되게 합니다. 또 양의 털로 우리 몸을 따뜻하게 입힐 수 있습니다. 양은 인간에게 유용하지 않은 부분이 전혀 없습니다. 오 형제들이여, 여러분과 내가 양의 성격에 합하도록 하나님께서 허락해 주시기를 바랍니다. 주님은 그들을 '내 양'이라고 부르십니다. 그들은 값 주고 산 그의 양입니다.

O sinner, sinner, you are come this morning to hear a poor creature take "his last farewell", but I want you to forget the creature that is preaching, I want to lead you further than the Tabernacle:

7. The Good Shepherd (John 10:27-28)
선한 목자 (요한복음 10:27-28)

Where do you want to lead us?

오, 죄인이여, 죄인이여! 여러분은 오늘 아침 보잘 것 없는 사람의 마지막 고별 설교를 듣고자 왔습니다. 그러나 나는 여러분들이 설교하는 사람을 잊어버리기 원합니다. 나는 여러분을 성마보다 더 밀리 인도하기 원합니다. 당신은 우리를 어디로 인도하기 원하십니까?

Why, to mount Calvary, there to see at what an expense of blood Christ purchased those whom he calls "his own"; he redeemed them with his own blood, so that they are not only his by eternal election, but also by actual redemption in time; and they were given to him by the Father, upon condition that he should redeem them by his heart's blood. It was a hard bargain, but Christ was willing to strike the bargain, that you and I might not be damned for ever.

갈보리 산에서 피의 대가로 '그의 소유'이라고 부르는 자들을 사셨으며, 그의 피로 구원하셨으므로 영원한 선택에 의해서 뿐만 아니라 시간 속에서의 실제적 구속에 의해 그들이 그의 소유가 되었습니다. 그의 가슴의 피로 그들을 구속해야 한다는 조건으로 아버지께서 그에게 그들을 주신 것입니다. 그것은 매우 힘든 거래였지만, 여러분과 내가 영원히 지옥에 떨어지지 않도록 그리스도는 기꺼이 그 거래를 성사시켰습니다.

Christ says of these sheep, especially, "that they hear his voice, and that they follow him." Here is an allusion to a shepherd; now in some places in scripture, the shepherd is represented as going after his sheep(2 Sam. 7:8; Ps. 78:71). That is our way in England; but in the Eastern nations, the shepherds generally went before; they held up their crook, and they had a particular call that the sheep understood.

그리스도는 이 양들에 관하여, 특히 '그의 음성을 듣고 그를 따르는 양들'에 관하여 말씀하십니다. 목자의 대한 하나의 비유가 있습니다. 성경 몇 군데에서 목자는 그의 양의 뒤를 쫓아가는 사람으로 표현합니다(삼하 7:8; 시 78:71). 이런 식은 잉글랜드에서 하는 방식이지만, 동방나라에서는 목자들이 일반적으로 양 앞에서 인도했습니다. 그들은 구부러진 지팡이를 들어 올리고 양이 알아듣는 특별한 목소리를 냅니다.

Now, says Christ, "My sheep hear my voice." "This is my beloved Son," saith God, "hear ye him." And again, "The dead shall hear the voice of the Son of God, and live": now the question is, what do we understand by hearing Christ's voice?

지금 그리스도는 "내 양은 내 음성을 듣나니"라고 말씀하십니다. 또한 하나님은 "이는 내 사랑하는 아들이요 너희는 그의 말을 들으라"고 말씀하셨습니다. 그리고 다시 한 번 하나님은 "죽은 자들이 하나님의 아들의 음성을 듣고 살아나리라"라고 말씀하셨습니다. 지금 질문은 그리스도의 음성을 듣고 우리가 무엇을 이해하는지에 대한 것입니다.

7. The Good Shepherd (John 10:27-28)
선한 목자 (요한복음 10:27-28)

First, we hear Moses' voice, we hear the voice of the law; there is no going to Mount Zion but by the way of mount Sinai; that is the right straight road. I know some say, they do not know when they were converted; those are, I believe, very few: generally, nay, I may say almost always, God deals otherwise. Some are, indeed, called sooner by the Lord than others, but before they are made to see the glory of God, they must hear the voice of the law; so you must hear the voice of the law before ever you will be savingly called unto God.

첫째로, 우리는 모세의 음성을 듣습니다. 우리는 법의 음성을 듣습니다. 시내산을 통하지 않고는 시온산에 갈 수 없습니다. 그것은 직선도로입니다. 나는 그들이 언제 개종되었는지 모른다고 말하는 것을 압니다. 그런 사람들은 매우 적다고 믿습니다. 하나님은 다른 방법으로 취급할 것이라고 말할 수 있습니다. 어떤 사람들은 다른 사람보다 빨리 주님의 부름을 받습니다. 그러나 그들은 하나님의 영광을 보기 전에 법의 음성을 들음에 틀림없습니다. 그래서 여러분은 하나님의 부름을 받기 전에 법의 음성을 들은 것임에 틀림없습니다.

You never throw off your cloak in a storm, but you hug it the closer; so the law makes a man hug close his corruptions (Rom. 7:7-9), but when the gospel of the Son of God shines into your souls, then they throw off the corruptions which they have hugged so closely; they hear his voice saying, "Son, daughter, be of good cheer, thy sins, which are many, are all forgiven thee." They hear his voice that bespeaks the habitual temper of their minds: the wicked hear the voice of the devil, the lusts of the flesh, the lusts of the eye, and the pride of life.

당신은 폭풍을 만나면 옷을 벗어 던지지 않고, 옷을 더 끌어안습니다. 이와 같이 법은 사람으로 하여금 부패케 합니다 (롬 7:7-9). 그러나 하나님의 아들의 복음이 여러분의 영혼 속에 비칠 때 그들은 그렇게 밀착되게 끌어 았던 부패의 옷을 벗어 버립니다. 그들은 그의 말씀하시는 목소리를 듣습니다. "아들딸아, 힘내라. 너의 많은 죄가 다 용서 받았느니라." 그들은 그의 음성을 듣습니다. 이 말씀은 그들의 습관적인 마음의 기질을 나타냅니다. 악한 이는 육신의 정욕, 안목의 정욕, 이생의 자랑인 마귀의 음성을 듣습니다.

Christ's sheep themselves attended to it before conversion; but when called afterwards by God, they hear the voice of a Redeemer's blood speaking peace unto them, they hear the voice of his word and of his Spirit.

그리스도의 양은 구원 전에는 세상에 관심을 가졌지만, 하나님의 부름을 받은 후 부터는 평화를 말씀하시는 구속자의 피의 음성을 듣습니다. 그들은 그의 말씀의 음성과 성령의 음성을 듣습니다.

The consequence of hearing his voice, and the proof that we do

7. The Good Shepherd (John 10:27-28)
선한 목자 (요한복음 10:27-28)

hear his voice, will be to follow him. Jesus said unto his disciples, "If any man will come after me, let him deny himself, and take up his cross and follow me." And it is said of the saints in glory, that "they followed the Lamb whithersoever he went." Wherever the shepherd turns his crook, and the sheep hear his voice, they follow him; they often tread upon one another, and hurt one another, they are in such haste in their way to heaven.

그의 음성을 듣고 난 결과와 증거는 그를 좇는 것입니다. "누구든지 나를 따라오려거든 자기를 부인하고 자기 십자가를 지고 나를 좇을 것이니라." 영광중에 있는 성도들에 관해, 즉 "그들은 어린 양이 어디로 가든지 따라 갑니다"라고 말씀하셨습니다. 그들은 목자가 그의 지팡이로 방향을 바꿀 때마다 양은 그의 음성을 듣고 그를 따라갑니다. 양들은 자주 서로를 밟고 상처를 줍니다. 양들은 그렇게 서두르며 하늘을 향해 가는 것입니다.

Following Christ means following him through life, following him in every word and gesture. "Bid me come to thee upon the water," said Peter; and if we are commanded to go over the water for Christ, God, of his infinite mercy, follow us! We must first be sure that the great Shepherd points his crook for us: but this is the character of a true servant of Christ, that he endeavors to follow Christ in thought, word, and work.

평생 동안 그리스도를 따라가는 것은 그를 말과 행실로 따르라는 뜻입니다. "나로 명하사 물 위로 오라 하소서"라고 베드로가 말했습니다. 만일 우리가 그리스도를 위해 물 위로 걸어가라고 명령을 받는다면 한없이 긍휼하신 하나님께서 우리를 따라 오십니다! 위대한 목자는 우리를 위해 그의 지팡이로 길을 가리킨다는 것을 우리는 우선 확신해야 합니다. 그러나 이것은 그리스도의 참된 종의 성격입니다. 즉, 그리스도를 생각과 말과 행동으로 따라 가기를 힘쓰는 것입니다.

If you belong to Jesus Christ, he is speaking of you; for, says he, "I know my sheep." "I know them"; what does that mean? Why, he knows their number, he knows their names, he knows every one for whom he died; and if there were to be one missing for whom Christ died, God the Father would send him down again from heaven to fetch him. "Of all", saith he, "that thou hast given me, have I lost none."

만일 여러분이 예수 그리스도에게 속했다면 그는 여러분에게 말씀하십니다. "나는 내 양을 안다." "나는 그들을 안다." 이 말은 무슨 뜻입니까? 그는 그들의 숫자를 알고, 그는 그들의 이름을 알며, 그가 위하여 죽은 모든 사람을 압니다. 만일 한 사람이 실종된다면 하나님 아버지께서 아들을 다시 세상에 보내 찾아 올 것입니다. 그는 "내에게 주신 모든 자 중에 하나도 잃지 않았다"고 말씀하십니다.

7. The Good Shepherd (John 10:27-28)
선한 목자 (요한복음 10:27-28)

Christ knows his sheep; he takes as much care of each of them, as if there were but that one single sheep in the world. To the hypocrite he saith, "Verily, I know you not" but he knows his saints, he is acquainted with all their sorrows, their trials, and temptations. He bottles up all their tears, he knows their domestic trials, he knows their inward corruptions, he knows all their wanderings, and he takes care to fetch them back again.

그리스도는 그의 양을 아십니다. 그는 이 세상에 양이 한 마리밖에 없는 것 같이 그들 하나하나를 돌보아 주십니다. 그는 위선자들에게 "진실로 내가 너희를 알지 못하노라"라고 말씀하십니다. 그러나 그는 성도들을 아시고 그들의 슬픔과 시련과 유혹을 잘 알고 계십니다. 그는 그들의 눈물을 다 마시며, 집안의 시련을 아십니다. 그는 그들의 내적 부패를 아시며, 그는 또한 그들의 방황을 아시고 그들을 다시 데리고 오셔서 돌보십니다.

But, my brethren, here is something better, here is good news for you; what is that? Say you: why, "I give unto them eternal life, and they shall never perish, neither shall any pluck them out of my hand" (John 10:28).

나의 형제들이여, 그러나 여기에 더 좋은 것이 있습니다. 여기에 좋은 소식이 있습니다. 그것은 무엇입니까? 여러분에게 말합니다. "내가 저희에게 영생을 주노니 영원히 멸망치 아니할 터이요 또 저희를 내 손에서 빼앗을 자가 없느니라"(요 10:28).

Second. They shall never perish; though they often think they shall perish by the hand of their lusts and corruptions; they think they shall perish by the deceitfulness of their hearts; but Christ says, "They shall never perish." "I have brought them out of the world to myself, and do you think I will let them go to hell after that? I give to them eternal life." Some talk of being justified at the day of judgment; that is nonsense; if we are not justified here, we shall not be justified there. He gives them eternal life, that is, the earnest, the pledge, and assurance of it.

둘째로, 그들은 종종 정욕과 타락의 행위로 망할 것이라고 생각하지만 그들은 결코 망하지 않을 것입니다. 그들은 그들의 마음의 기만으로 망할 것이라고 생각하지만, 그리스도는 "저희는 망하지 않으리라."라고 말씀하십니다. "나는 너희를 세상에서 불렀다. 내가 저희들을 지옥으로 들어가게 할 것이라 생각하느냐? 나는 너에게 영생을 주노라." 어떤 이는 심판날에 의롭다 함을 얻을 수 있다고 말합니다. 그것은 허튼소리입니다. 만일 우리가 이 세상에서 의롭지 못하면 저 세상에서도 의롭지 못합니다. 그는 저희들에게 영생을 주시는데, 그것은 영생의 증거, 보증 그리고 확증입니다.

Third. Neither shall any pluck them out of my hand. He holds them in his hand, that is, he holds them by his power; none shall pluck them thence. There is always something plucking at Christ's sheep; the devil, the lust of the flesh, the lust of the eye, and the pride of life, all try to pluck them out of Christ's hand. O my brethren, they need not pluck us, yet we help all three to pluck ourselves out of the hand of Jesus; but "none shall pluck them out of my hand," says Christ. "I give to them eternal life. I am going to heaven to prepare a place for them, and there they shall be."

세번째로, 어떤 이도 저희를 내 손에서 빼앗지 않을 것이니라. 그리스도는 그들의 손을 잡고, 즉 그의 능력으로 붙잡고 있기 때문에 아무도 그들을 빼앗을 수 없습니다. 그리스도의 양을 빼앗아가는 일들은 항상 있습니다. 마귀, 육체의 정욕, 안목의 정욕, 이생의 자랑 등 이런 것들이 그들을 그리스도의 손에서 빼앗아갑니다. 오, 나의 형제들이여! 그것들이 우리를 빼앗아 갈 필요가 없습니다. 우리가 육체의 정욕, 안목의 정욕, 이생의 자랑 등 이 세 가지를 탐닉함으로 우리 자신이 예수의 손에서부터 빠져나오게 되는 것입니다. 그러나 "저희를 내 손에서 빼앗을 자가 없느니라"고 그리스도는 말씀하십니다. "내가 저희에게 영생을 주노라 나는 저희 있는 곳을 준비하러 하늘에 가노니 저희가 거기에 있을 것이니라."

O my brethren, there is not a more blessed text to support the final perseverance of the saints; and I am astonished any poor souls, and good people I hope too, can fight against the doctrine of the perseverance of the saints: What if a person say they should persevere in wickedness? Ah! That is an abuse of the doctrine; what, because some people spoil good food, are we never to eat it? But, my brethren, upon this text I can leave my cares, and all my friends, and all Christ's sheep, to the protection of Christ Jesus' never-failing love.

오, 나의 형제들이여! 성도들의 마지막 인내를 격려하는 더 좋은 복된 말씀은 없습니다. 나는 어떤 불쌍한 영혼들을 보고 놀랐습니다. 나는 선한 사람들이 성도의 인내의 교리에 반박하여 싸울 수 있다고 생각합니다. 그들은 악을 견뎌내야 한다고 어떤 사람이 말한다면 어떻게 할 것입니까? 아, 그것은 교리의 남용입니다. 어떤 사람들이 좋은 음식을 썩게 한다고 우리가 음식을 먹지 말아야 합니까? 그러나 형제들이여, 이 본문에 나의 염려들을, 나의 모든 친구들을, 그리고 그리스도의 모든 양들을 예수 그리스도의 변하지 않는 사랑으로 보호하심에 맡길 수 있습니다.

And as Christ has given us eternal life, O my brethren, some of you, I doubt not, will be gone to him before my return; but, my dear brethren, my dear hearers, never mind that; we shall part, but it will be to meet again for ever. I dare not meet you now, I cannot bear your coming to me, to part from me; it cuts me to the heart, and quite overcomes me, but by and by all parting will be over, and all tears shall be wiped away from our eyes.

7. The Good Shepherd (John 10:27-28)
선한 목자 (요한복음 10:27-28)

오, 나의 형제들이여! 그리스도께서 우리에게 영생을 주셨으므로 여러분 중 몇몇은 내가 돌아오기 전에 그에게 갈 것임에 분명합니다. 그러나 나의 친애하는 형제들이여, 나의 친애하는 청취자들이여! 우리의 이별을 걱정하지 마십시오. 다시 영원히 만나게 될 것입니다. 나는 지금 여러분을 만나지 않을 것입니다. 작별하기 위해 나에게 오는 것을 감당할 수 없습니다. 나의 가슴을 찌르며 압도합니다. 그러나 머지않아 모든 이별은 끝날 것입니다. 우리 눈에서 모든 눈물은 씻어질 것입니다.

God grant that none that weep now at my parting, may weep at our meeting at the Day of Judgment and if you never were among Christ's sheep before, may Christ Jesus bring you now. O come, come, see what it is to have eternal life; do not refuse it; haste, sinner, haste away: may the great, the good Shepherd, draw your souls.

지금 내 이별에 우는 사람은 심판날 우리가 만날 때 아무도 울지 않을 것입니다. 만일 여러분이 과거에 그리스도의 양 가운데 포함되어 있지 않다면 그리스도 예수께 여러분 자신을 드리시기 바랍니다. 오십시오. 어서 오십시오. 영생을 얻는 것이 무엇인지 아셔야 합니다. 거절하지 마십시오. 서두르십시오. 죄인이여, 서두르십시오. 위대한 선한 목자께서 여러분의 영혼을 받아들이실 것입니다.

Oh! If you never heard his voice before, God grant you may hear it now; that I may have this comfort when I am gone, that I had the last time of my leaving you, that some souls are awakened at the parting sermon. Come! To the Lord Jesus Christ; to him I leave you.

오! 만일 여러분이 과거에 그의 음성을 듣지 않았다면 여러분이 지금 그의 음성을 들을 수 있도록 하나님께서 허락하실 것입니다. 내가 떠났을 때 이 위로를 얻기 원합니다. 내 이별의 마지막 순간에, 내 이별 설교 가운데 영혼들이 깨어나기를 바랍니다. 주 예수 그리스도, 그분께 여러분을 맡깁니다.

And you, dear sheep, that are already in his hands, O may God keep you from wandering; God keep you near Christ's feet; I do not care what shepherds keep you, so as you are kept near the great Shepherd and Bishop of souls. The Lord God keep you, lift up the light of his countenance upon you, and give you peace. Amen.

여러분, 친애하는 양들이여! 여러분은 이미 그분의 수중에 있습니다. 하나님께서는 여러분이 방황하지 않도록 하시기를 기도합니다. 하나님께서 여러분이 그리스도의 발 앞에 가까이 있게 하시기를 기도합니다. 여러분들이 영혼의 위대한 목자와 감독에게 가까이 있는 한 어떤 목동이 돌보든지 상관없습니다. 주 하나님이 지키시고 그의 얼굴을 드시고 평강을 주시기 바랍니다. 아멘.

7. The Good Shepherd (John 10:27-28)
선한 목자 (요한복음 10:27-28)

8. The Nature of Love to Christ (1 Corinthians 16:22)
   그리스도를 향한 사랑의 본질 (고린도전서 16:22)

Devereux Jarratt | 데베레옥스 자래트

데베레옥스 자래트(AD 1733-1801) 목사는 13세까지 고아로 지내다가 농부가 되었다. 이웃의 도움으로 학교에서 공부를 하게 되었으며, 라틴어와 그리스어를 배웠다. 그 후 영국에 와서 영국 국교회에서 안수를 받고, 1763년 미국 버지니아주로 돌아와 바스 교구에서 봉직했다. 그는 9년 간 주로 버지니아와 노스캐롤라이나에서 복음 집회를 해왔다. 또한 개종에 대한 감정적인 면을 강조했고, 거듭남의 필요성에 대해서도 자주 글을 썼다. 자래트는 존 웨슬리와도 오랫동안 서신 교환을 했다.

Love is the spring of all acceptable obedience, and the most essential ingredient in true religion. Without it, all our pretensions to virtue and morality are vain and fruitless. Should we give all our goods to feed the poor, and deliver up our bodies to be burnt; had we the knowledge of all mysteries; the gift of prophecy, and could speak with all the eloquence of angels; yet with all these qualifications and high improvements, we should be nothing without love.

사랑은 모든 것을 수용할 수 있는 순종의 근원이며, 진실한 신앙심에 있어 가장 본질적인 요소입니다. 사랑 없이는 선행과 도덕심에 대한 우리 모두의 자부심은 헛되며 쭉정이일 뿐입니다. 비록 우리의 가진 것으로 가난한 자들을 먹이고 우리의 몸을 불살라 줄지라도, 우리가 알려지지 않은 모든 것에 대한 지식이 있고 예언의 은사가 있고 천사의 말을 할 수 있어도, 이 모든 권한과 뛰어난 향상이 있다 해도 사랑이 없으면 우리는 아무것도 아닙니다.

Love to God and the Saviour, is a thing not only essentially necessary, in order to render most religious performances acceptable, but also a thing infinitely fit and reasonable in itself, as every one who acknowledges the existence of a God, will confess. If perfect beauty and unbounded goodness; if the greatest benefactor and most generous friend, infinite excellency and tender compassion, should be loved, then, without all doubt, we should love the Lord Jesus Christ, in whom everything that is great and good, beautiful, excellent, tender and compassionate meets and centers.

하나님과 구세주를 사랑하는 것은 합당한 종교적 행사를 위해서도 매우 필요할 뿐 아니라 하나님의 존재를 인정한 모든 사람들이 고백한 것 같이 그 자체로서도 매우 합당하고 알맞은 것입니다. 만일 완전한 아름다움과 끝없는 선이, 최대의 은인과 가장 관대한 친구가, 그리고 무한한 탁월함과 부드러운 긍휼이 이 사랑을 받는다면 우리는 의심 없이 주 예수 그리스도를 사랑해야 합니다. 위대하고, 선하고, 아름답고, 훌륭하고, 부드럽고, 긍휼 있는 모든 것이 그 분 안에서 모이고 집중되어집니다.

And because he ought to be loved, and it is so infinitely fit and reasonable that all his rational creatures should love him, therefore the wretch, who dares withhold his love from him, or refuses to bestow his supreme affection upon him; and, though he calls himself a Christian, yet maintains a secret enmity of heart towards him; and prefers the pleasures and profits of this world to him, is judged worthy the most dreadful of all curses, even to be anathematized from the presence of Christ when he cometh to sit in judgment, and pronounce sentence of damnation upon the whole Christ-despising and impenitent world.

그 분은 사랑을 받아 마땅하기 때문에 이성적인 피조물이 그를 사랑해야 한다는 것은 매우 합당하고 알맞은 것입니다. 그러므로 감히 그의 사랑을

8. The Nature of Love to Christ (1 Corinthians 16:22)
그리스도를 향한 사랑의 본질 (고린도전서 16:22)

보류하거나 그의 최고의 사랑이 자신에게 부어지는 것을 거절하는 불쌍한 사람은 자신이 그리스도인이라고 하지만 아직도 그리스도를 향해 마음속에 숨겨진 적의가 있는 데다 그분보다 세상의 쾌락과 이익을 좋아하는 것입니다. 그는 모든 저주 가운데 가장 무서운 저주로 합당한 심판을 받게 되며, 그리스도께서 심판석에 앉으실 때 그리스도의 면전에서 저주를 받게 되며, 그리스도를 경멸하고 회개치 않는 세상 모든 사람들에게 멸망의 심판을 선언할 것입니다.

To this purpose speaks the apostle in my text: If any man love not the Lord Jesus Christ, let him be bound over to eternal punishment, and depart accursed into everlasting fire prepared for the devil and his angels, those malignant and irreconcilable enemies to the Lord and his Christ.

본문에서 사도는 이 목적을 말하고 있습니다. 만일 누구든지 주 예수 그리스도를 사랑하지 아니하면, 영원한 형벌에 묶이고 마귀와 그의 천사들을 위해 준비된, 즉 주님과 그리스도에게 해를 입히고 화해할 줄 모르는 적들을 위해 준비된 영원한 불에 떨어지는 저주를 받게 될 것입니다.

I am to shew what is implied in loving the Lord Jesus Christ, or what love to Christ is. Love to Christ, I say, may be thus described: "It is a gracious and supernatural principle, or habit, wrought in the soul by the power of the holy sprit; whereby the creature is inclined supremely to delight in, and esteem the Lord Jesus, so that his thoughts freely go out after him, and his meditation of him is sweet; it excites earnest desires after communion with him in his ordinances; and to please him by walking before him in holiness and righteousness all our days."

내가 주 예수 그리스도를 사랑하는 것이 무슨 의미인지, 또 그리스도를 향한 사랑이 무엇인지 보여 드리겠습니다. 그리스도를 사랑한다는 것을 이와 같이 묘사할 수 있습니다. "그것은 성령으로 영혼 속에 만들어진 은혜롭고 초자연적인 원리나 습관이며, 그 안에서 피조물이 기쁨을 얻고 주 예수를 존경할 마음에 생기므로 그의 생각이 자유롭게 예수를 좇아가고 그분에 대한 묵상은 달콤합니다. 예수와 성찬에 참여하는 진지함의 열망을 일으키며, 우리의 인생을 거룩함과 의로움 안에서 그 앞에서 걸어감으로 그를 기쁘게 하는 것입니다."

Where there is the least spark of divine love there will also be an earnest desire for an interest in God's favour as the highest happiness, and a willingness to resign the whole soul to the Redeemer, and to receive him for all the purposes for which he is offered in the gospel.

하나님의 사랑의 가장 작은 불꽃이 있는 곳이라도 하나님의 은혜를 최고의 행복으로 여기는 진지한 열망이 생기게 될 것이며, 모든 영혼을 구속자

8. The Nature of Love to Christ (1 Corinthians 16:22)
그리스도를 향한 사랑의 본질 (고린도전서 16:22)

에게 맡기는 자발적 움직임과 복음 안에서 주어진 모든 목적을 달성하기 위해 그를 영접하는 자발적 움직임이 있게 될 것입니다.

The true lover of Christ is willing and desirous to learn of him as his prophet, and cheerfully submit to the teachings of his word and spirit; -to rely upon him as a priest to make an atonement for his sin by the blood of his cross; and to choose him for his Lord to reign over him and lastly, he endeavors to do all the good he can for his sake, and especially to those who are of the house-hold of faith.

그리스도를 진정으로 사랑하는 자는 그분을 자신의 선지자로서 기꺼이 배우기를 갈망하고, 그분의 말씀과 영의 가르침에 즐거이 복종하고자 합니다. 또한 십자가의 보혈로 죄를 속죄하는 제사장으로서의 그분의 의지할 뿐만 아니라 자신을 다스리는 주님으로 선택하고자 합니다. 마지막으로 그는 주를 위해 모든 선을 베푸는데, 특히 믿음의 가정들을 위해 애쓰고 헌신합니다.

If infinite holiness, unbounded goodness, and perfect beauty demand our love and esteem; then the Lord Christ ought to be loved and esteemed; since all these excellencies meet and center in him, in the highest degree. He is the chiefest among ten thousand, and altogether lovely.

만약 무한한 거룩함, 끝없는 선, 완전한 아름다움이 우리의 사랑과 존경을 요구한다면 주 예수님도 또한 사랑과 존경을 받아야 합니다. 이 모든 훌륭한 것이 최고의 단계로 그분 안에 모여지고 집중된다면 그분은 만인 가운데 가장 높으시며, 사랑받기에 합당하신 분이십니다.

If our creator, preserver, and liberal benefactor, deserves to be loved and adored by his creatures and dependents; then it is fit and reasonable that we should love and adore the Lord Jesus; since we, as well as all things in heaven and earth, were created by him, and are still daily supported by the bounties of his hand.

만일 우리의 창조자이자 보존자 그리고 인자한 은인이 그에게 속한 자들과 피조물들에 의해 사랑과 존경을 받으실 만한 자격이 있다면, 우리가 주 예수님을 사랑해야 하고 존경해야 하는 것이 마땅하고 옳습니다. 우리와 이 세상 모든 만물이 그의 피조물이기 때문이며, 그의 풍성한 손으로 매일 우리를 공급하시기 때문입니다.

If we should love what is good in itself, and what is good to us, then Jesus the Saviour claims the chief place in our hearts and affections, for he is good and doth good, and his tender mercies are over all his works.

만일 우리가 선 그 자체를 사랑하고 우리의 선한 것을 사랑한다면, 구주 예수께서는 우리의 마음과 애정 속에서 가장 귀한 자리를 요구하십니다. 왜

8. The Nature of Love to Christ (1 Corinthians 16:22)
그리스도를 향한 사랑의 본질 (고린도전서 16:22)

냐하면 그는 선하시며, 선한 일을 행하시며, 그의 부드러운 자비하심이 모든 사역에서 나타나기 때문입니다.

If it be fit and reasonable that we should render love for love; then it is highly fit and reasonable that we should love him, whose love to us brought him from heaven and the bosom of his Father, down into our wretched world, where he endured every species of trouble and affliction, which human or diabolical cruelty could invent. It was in love for us, that he became an exile from his Father's throne.

우리가 사랑을 위한 사랑이 합당하고 옳다고 여긴다면, 우리가 그를 사랑하는 것 또한 매우 합당하고 옳습니다. 우리를 향한 그의 사랑은 예수님을 하늘과 아버지의 품을 떠나 참혹한 세상으로 오시게 했습니다. 세상에서 인간적, 마귀적 잔악함이 만들어 낼 수 있는 여러 가지 고난과 고통을 당하셨습니다. 그가 아버지의 보좌를 떠나오신 것은 우리를 위한 사랑의 행위였습니다.

For us did he agonize in the garden of Gethsemane, till all his garments were dyed red in his own sacred gore; -for us was his back harrowed by the tormenting scourge; -for us was he maltreated by the Jewish rabble, and unjustly condemned as a malefactor, at Pilate's bar; -for us did he toil up the bloody steep of Calvary, under the load of his fatal cross; -for us was he nailed to the accursed tree, and

Oh! for us he expired in agonies unknown, giving his own life a ransom for ours.

그는 우리를 위해 겟세마네 동산에서 그의 옷이 거룩한 피로 엉켜 붉게 물들 때까지 고난을 당했습니다. 우리를 위해 그의 등이 채찍으로 고통을 당하셨습니다. 우리를 위해 그는 유대의 오합지졸에게 학대를 당하시고, 빌라도 법정에서 부당하게 악인으로 정죄를 받으셨습니다. 우리를 위해 그는 피할 수 없는 십자가를 지고 갈보리 가파른 언덕을 힘들게 오르셨습니다. 우리를 위해 그는 저주받은 십자가에 못 박히셨습니다. 오! 우리를 위해, 그는 우리의 생명을 위해 그의 생명을 몸값으로 주시면서 아무도 모르는 고뇌 속에서 숨을 거두셨습니다.

Herein is love beyond degree. Greater love hath no man than this, that a man lay down his life for his friend; but Christ hath manifested the supereminency of his love, by laying down his life for those that were enemies. Judge ye brethren; should not our hearts burn with his love, and should not our whole souls be engaged to give evidences of our gratitude, by doing all in our power to please such a bountiful benefactor and generous friend?

여기에 등급을 매길 수 없는 사랑이 있습니다. 자기 친구를 위해 생명을 내어 주는 것보다 더 위대한 사람은 없습니다. 그러나 그리스도는 원수들에게 자기의 생명을 내어 주심으로 그의 사랑의 위대함을 나타내셨습니다. 형

8. The Nature of Love to Christ (1 Corinthians 16:22)
그리스도를 향한 사랑의 본질 (고린도전서 16:22)

제 여러분, 판단해 보십시오. 우리의 마음이 그를 사랑하는 마음으로 불타야 되지 않습니까? 관대한 은인과 인자한 친구를 기쁘게 하기 위해 우리의 힘을 다함으로써 감사하는 마음의 증거를 보여 드리기 위해 우리의 전 영혼이 몰두해야 되지 않겠습니까?

A soul destitute of the love of Christ must be exposed to the greatest of dangers. He that is an enemy to the Lord Jesus, is an enemy to the Lord Jesus, in his heart and by wicked works, is in danger every moment. The heart, which is not seasoned with the love of Christ, must be a sink of abomination, odious and detestable in the eyes of divine purity; a vessel of wrath filled to destruction.

그리스도의 사랑이 없는 영혼은 분명 가장 위험한 상태에 노출되어 있는 것입니다. 주 예수와 원수된 그는 그의 마음속에서 악한 행위로 매 순간마다 위험에 놓여 있습니다. 그리스도의 사랑으로 익지 않은 마음은 하나님의 순결함으로 볼 때 분명 몹시 역겹고 혐오스러운 시궁창 같은 것입니다. 다시 말해 멸망에 이르게 하는 진노로 가득한 그릇입니다.

O how many thousands of souls that profess to the followers of Christ; -have been baptized into, and are called after his name; who are so far from loving him, that they openly proclaim themselves his enemies by their unholy lives and conversations.

오, 그리스도의 추종자들이 되겠다고 고백하는 사람이 얼마나 많은지! 세례를 받은 사람들이 얼마나 많은지! 그의 이름을 위해 부르심을 받은 사람들이 얼마나 많은지! 그를 사랑하기보다 매우 멀리 떨어져 있는 사람들이 얼마나 많은지! 그들의 더러운 삶과 대화로 그리스도의 적들이라고 공공연히 선언하는 사람들이 얼마나 많은지!

All your performances that spring not from a principle of love, are nothing worth. Consider, dear immortal souls, the danger, the awful danger you are in, while you are strangers to the love of Christ. The Lord counts you enemies to him, and he is an enemy to you, and is angry with you every day.

사랑의 원리로부터 나오지 않는 행동들은 가치가 없습니다. 친애하는 불멸의 영혼들이여, 여러분이 그리스도의 사랑에 대해 낯선 사람으로 있는 동안 당신이 처해 있는 무시무시한 위험을 생각해 보십시오. 주님은 여러분을 적으로 여기고 있으며, 그분은 여러분에게 적입니다. 그는 매일 여러분에게 화를 내고 있습니다.

And though he bears with you for a while, and heaps those mercies upon you, which might gain your affections and turn the inveterate enmity of your hearts into love; yet as long as his benefits fail to have this effect upon you, you abide under the anathema, the curse of God. "Cursed are ye in the city, and cursed in the field; cursed in

8. The Nature of Love to Christ (1 Corinthians 16:22)
그리스도를 향한 사랑의 본질 (고린도전서 16:22)

your basket, and in your store; cursed in the fruit of your body, and the fruit of your land, and in your kine; cursed when you go out, and cursed when ye come in. Yea, cursed in every thing ye set your hands to do"(Deut. 28:16-20)

잠시 동안 그분은 여러분을 참고 계시며 자비를 베풀어 주시지만, 그것이 여러분의 애정을 얻고 여러분의 마음의 뿌리 깊은 적개심을 사랑으로 바꿀지 모릅니다. 그렇지만 그의 은혜가 여러분에게 효과를 나타내지 못하는 동안 여러분은 저주 아래, 즉 하나님의 저주 아래 살게 됩니다. "네가 성읍에서도 저주를 받으며 들에서도 저주를 받을 것이요 네 몸의 소생과 네 토지의 소산과 네 우양의 새끼가 저주를 받을 것이며 네가 들어와도 저주를 받고 나가도 저주를 받으리라 네가 악을 행하여 그를 잊으므로 네 손으로 하는 모든 일에 여호와께서 저주와 공구와 견책을 내리사 망하며 속히 파멸케 하실 것이며"(신 28:16-20).

Thus O sinners, you are cursed in the present time, and are treasuring up wrath against the day of wrath and revelation of the righteous judgment of God. You are every moment in danger of the arrest of death, which will put you beyond all possibility of altering your present condition, and God will remain your enemy for ever.

오, 죄인들이여! 그래서 여러분은 현재 저주를 받고 있습니다. 여러분은 진노의 날과 하나님의 의로운 심판의 날에 대비하여 진노를 쌓고 있습니다.

여러분은 매 순간 죽음에 사로잡힐 위험에 처해 있습니다. 여러분의 현재 상태를 변경할 수 있는 모든 가능성은 배제될 것입니다. 하나님은 영원히 여러분의 적으로 남게 될 것입니다.

Think, O think of this, O ye Christ-despising sinners, what an enemy you have to contend with. He is wise in heart and mighty in strength, and none that set themselves against him can prosper. Haveye strength to contend with him? Are ye mightier than he? Have ye an arm like God, or can ye thunder with a voice like him? Can ye resist his determinations and elude his judgement?

오, 그리스도를 멸시하는 죄인들이여! 여러분이 겨루어야 할 적이 얼마나 무서운지 이것을 생각해 보십시오. 그는 마음이 지혜롭고 능력이 많습니다. 그를 대적하는 사람은 아무도 번영할 수 없습니다. 여러분은 그와 겨룰만한 힘이 있습니까? 여러분은 그보다 강합니까? 여러분은 하나님 같은 팔이 있으며, 그와 같은 음성으로 천둥을 칠 수 있습니까? 여러분은 그의 결심에 저항하고 그의 심판을 피할 수 있습니까?

If you love Christ, you choose him and love him, in all his offices. To you, that believe, he is precious. As a prophet he is lovely and precious to you, because by his word and spirit you are taught and enlightened. As a priest he is precious, because by the blood of his cross, he made an atonement for sin, and you choose him as your

8. The Nature of Love to Christ (1 Corinthians 16:22)
그리스도를 향한 사랑의 본질 (고린도전서 16:22)

only Saviour and deliverer from the wrath of God and the curse of the law. As a king, you choose him to reign over you, you love his government, and are grieved that you serve him not better.

만일 여러분이 그리스도를 사랑한다면 자신의 모든 사역에 성실하신 그분을 택하고 사랑하십시오. 여러분들이 믿는 그분은 참으로 귀하신 분입니다. 선지자인 그는 아름답고 귀하십니다. 왜냐하면 그의 말씀과 영으로 여러분은 배움을 얻고 깨닫게 되기 때문입니다. 제사장인 그는 귀하십니다. 왜냐하면 그의 십자가의 피로 죄를 구속하셨기 때문입니다. 그분을 하나님의 진노와 율법의 저주에서 건지실 여러분의 유일한 구세주이자 해방자로 선택하십시오. 왕이신 그를 선택하여 여러분을 다스리게 하십시오. 그의 통치를 사랑하십시오. 여러분이 그를 더 잘 섬기지 못한 것에 슬퍼하십시오.

If you love the Lord Jesus Christ you will endeavor and pray for the increase of his kingdom on earth. You will cheerfully do all in your power to gain souls to Christ.

만일 여러분이 주 예수 그리스도를 사랑한다면 여러분은 그의 나라가 이 땅에서 더욱 확장되기 위해 애쓰고 기도할 것입니다. 여러분은 기쁘게 영혼을 그리스도께 인도하기에 전력을 다할 것입니다.

If any of you are sensible of your want of love to the Saviour, and would desire to be possessed of it, I would advise you to enkindle that sacred passion in your hearts, to think seriously, and often, of the great love of Christ, dwell upon the many instances of his goodness and mercy, and beg of God to open your eyes to see these things, in a suitable manner, so that they may have a proper effect upon your minds; – persevere in this course, till you can say with the apostle, we love him, because he first loved us. Which may God grant, for Jesus sake, Amen.

여러분 중에 어떤 사람이 구세주에 대한 사랑이 식었다고 느껴져서 그 사랑을 다시금 불타오르게 하기를 갈망한다면, 나는 여러분에게 마음속의 그 거룩한 열정을 불타게 하라고, 그리스도의 위대한 사람에 관해 진지하게 그리고 항상 생각하라고, 그의 선하심과 긍휼하심으로 가득한 많은 사건들을 유념하라고, 하나님께서 이것들을 볼 수 있게 여러분의 눈을 열어 주시도록 기도하라고 충고하고 싶습니다. 그래서 그것들이 여러분의 마음에 좋은 영향을 끼치기를 바랍니다. 여러분이 "우리는 그를 사랑합니다. 왜냐하면 그가 우리를 먼저 사랑하셨기 때문입니다"라고 사도와 함께 우리가 말할 수 있을 때까지 이 과정을 견디시기 바랍니다. 그리스도의 영광을 위해 이 모든 것을 여러분에게 주시기 바랍니다. 아멘.

8. The Nature of Love to Christ (1 Corinthians 16:22)
그리스도를 향한 사랑의 본질 (고린도전서 16:22)

## 9. How to Change Your Heart (Ezekiel 18:31)
어떻게 마음을 변화시킬 것인가? (에스겔 18:31)

**Charles Finney | 찰스 피니**

찰스 피니(AD 1792-1875)는 코네티컷주의 워렌에서 태어나 뉴욕에서 자랐고, 예일대학에서 수학했다. 그가 뉴욕에서 변호사로 안정된 생활을 하고 있을 때 1821년 10월 10일 극적인 개종을 체험하고 변호사직을 그만두고 설교가가 되기 위해 웅변술을 계발했다. 장로교회를 떠나 회중교회로 갔으나 다시 장로교회로 돌아와 목사가 되었다. 찰스 피니는 미국 중부와 동부지역에서부터 뉴욕, 로마 등지까지 특별 부흥회를 인도했다. 오베린 신학교에서 교수로 재직하면서도 부흥회 인도를 중단하지 않았다. 그는 변증신학, 조직신학, 목회신학, 정신도덕신학을 가르쳤다.

I endeavored to show that a change of heart is not that in which a sinner is passive, but that in which he is active. That the change is not physical, but moral. That it is the sinner's own act. That it consists in changing his mind, or disposition. A change in the end at which he aims, and not merely in the means of obtaining his end. A change in the governing choice or preference of the mind.

나는 마음의 변화는 수동적인 것이 아니라 능동적으로 변하는 것이라고 피력해 왔습니다. 그 변화는 육신적인 것이 아니라 도덕적인 것이고, 죄인 자신이 변화되는 행위를 말하는 것이며, 마음과 기질의 변화에 달려 있다고 말하기를 힘써왔습니다. 단지 목적을 달성하기 위한 수단으로서의 변화가 아니라 인간이 추구하는 목적 안에서의 변화입니다. 마음을 다스리는 선택이나 마음을 다스리기를 좋아하는 가운데서의 변화입니다.

That it consists in preferring the glory of God, and the interests of his kingdom, to one's own happiness, and to every thing else. That it is a change from a state of selfishness in which a person prefers his own interest above every thing else, to that disinterested benevolence that prefers God's happiness and glory, and the interests of his kingdom, to his own private happiness.

또 변화는, 자신의 행복과 그 밖의 모든 것보다 하나님의 영광과 그의 나라에 대해 관심을 두고 좋아하는 데 있다고 힘써 말했습니다. 인간이 자신의 관심을 그 밖의 모든 것보다 더 좋아하는 이기심의 상태에서부터 하나님의 행복과 영광을 더 좋아하는 것이고, 자신의 개인적 행복보다 그의 나라에 더욱 관심을 갖고 좋아하는 것이며, 사심 없는 선행으로 변화하는 것이라고 말해왔습니다.

I observe, negatively, that you cannot change your heart by working your imagination and feelings into a state of excitement. Sinners are apt to suppose that great fears and terrors, great horrors of conscience, and the utmost stretch of excitement that the mind is capable of bearing, must necessarily precede a change of heart. They are led to this persuasion, by a knowledge of the fact, that such feelings do often precede this change.

내가 관찰한 바로는, 부정적이지만 여러분의 상상력을 동원하여 흥분의 상태를 느끼게 한다 해도 마음을 변화시킬 수 없다는 것입니다. 죄인들은 커다란 두려움과 공포, 양심의 커다란 전율, 마음에 감당할 수 있는 흥분의 최고의 절정이 마음의 변화보다 필연적으로 우선해야 한다고 생각하는 경향이 있습니다. 이런 느낌들이 대개 이러한 변화보다 우선한다는 사실을 알게 되면서 사람들은 설득되어집니다.

But, sinner, you should understand, that this highly excited state of feeling, these fears, and alarms, and horrors, are but the result of ignorance, or obstinacy, and sometimes of both. It often happens

9. How to Change Your Heart (Ezekiel 18:31)
어떻게 마음을 변화시킬 것인가? (에스겔 18:31)

that sinners will not yield, and change their hearts, until the Spirit of God has driven them to extremity until the thunders of Sinai have been rolled in their ears, and the lurid fires of hell have been made to flash in their faces.

그러나 죄인인 여러분은 한껏 고양된 감정 상태, 두려움, 놀람 그리고 전율이 단지 무지 또는 완고의 결과이거나 때때로 이 둘의 결과임을 이해해야 합니다. 하나님의 성령이 그들을 궁지에 몰아붙이기까지, 시내산의 천둥소리가 그들의 귀에서 요동하기까지, 무시무시한 지옥의 불이 그들의 얼굴에 번쩍 비출 때까지 죄인들은 복종하지 않고 그들의 마음을 변화시키지 않을 것입니다.

All this is no part of the work of making a new heart; but is the result of resistance to the performance of this duty. These terrors and alarms are, by no means essential to its performance, but are rather an embarrassment and a hinderance.

이 모든 것은 마음을 새롭게 하는 일이 아니라, 단지 의무를 행하는데 있어 저항의 결과로 나타난 것입니다. 이러한 공포와 놀라움은 의무를 행하는데 필요한 것이라기보다는 오히려 당혹스럽기까지 하고 방해물이 됩니다.

You cannot change your heart by an attempt to force yourself into a certain state of feeling. When sinners are called upon to repent, and give their hearts to God, it is common for them, if they undertake to perform this duty, to make an effort to feel emotions of love, repentance, and faith. They seem to think that all religion consists in highly excited emotions or feelings, and that these feelings can be bidden into existence by a direct effort of the will.

여러분이 어떤 느낌의 상태로 자신을 강제로 몰입시킨다 해도 여러분의 마음을 변화시킬 수는 없습니다. 죄인들이 회개의 촉구를 받을 때, 그리고 하나님께 그들의 마음을 드리라고 요구받을 때 사랑과 회개 그리고 믿음의 감정을 느끼도록 노력하는 것이 보통입니다. 그들은 대개 모든 종교는 격앙된 감정이나 느낌에 놓여 있다거나 이런 느낌은 의지의 직접적 노력의 결과로 만들어진 것이라고 생각하는 것 같습니다.

Love, repentance, and faith, may exist in the mind, either in the form of volition or emotion. Love, when existing in the form of volition, is a simple preference of the mind for God and the things of religion to every thing else. This preference may, and often does exist in the mind, so entirely separate from what is termed emotion, or feeling, that we may be entirely insensible to its existence.

사랑, 회개 그리고 믿음은 의지의 형태이든지 감정의 형태이든지 간에, 마음에 존재합니다. 사랑이 의지의 형태로 존재할 때 그 밖의 모든 것보다 단순히 하나님을 좋아하는 마음을 말합니다. 이 편애는 때로 마음 안에 존재

9. How to Change Your Heart (Ezekiel 18:31)
어떻게 마음을 변화시킬 것인가? (에스겔 18:31)

하면서 느낌이라고 하는 것으로부터 완전히 분리되어 있으므로 우리는 이 편애가 존재하는지 느낄 수가 없습니다.

So the Christian, when his thoughts are intensely occupied with business or study, may have no sensible 'emotions' of love to God existing in his mind. Still, if a 'Christian', his preference for God will have its influence over all his conduct, he will neither act nor feel like an ungodly man under similar circumstances; he will not curse, nor swear, nor get drunk; he will not cheat, nor lie, nor act as if under the dominion of unmingled selfishness; but his preference for God will so modify and govern his deportment, that while he has no sensible or felt enjoyment of the presence of God, he is indirectly influenced in all his ways by a regard to his glory.

그래서 그리스도인은 그의 사고나 사업 혹은 학업에 한창 빠져있을 때, 그의 마음속에 존재하고 있는 하나님을 향한 사랑의 '감정'을 느끼지 못합니다. 만일 '그리스도인'이 하나님을 더 좋아하는 것이 그의 모든 행동에 영향을 주었다면, 그는 신앙심 없는 그런 유사한 환경에 있는 사람들같이 행동하거나 느낄 수 없었을 것입니다. 그는 저주하지 않으며, 멸시하지 않으며, 술 취하지 않을 것입니다. 그는 속이거나, 거짓말하거나, 철저한 이기심의 지배하에 있는 것처럼 행동하지도 않을 것입니다. 그러나 그는 하나님을 더 좋아하기 때문에 자신의 태도를 바꾸고 통제할 것입니다. 그는 하나님의 임재의 즐거움을 깨닫거나 느끼지 못하는 동안 자신의 모든 방법을 통해 그의 영광을 바라봄으로써 간접적인 영향을 받게 됩니다.

I said also, that repentance may exist in the mind, either in the form of an emotion or a volition. Repentance properly signifies a change of mind in regard to the nature of sin, and does not in its primary signification necessarily include the idea of sorrow. It is simply an act of will, rejecting sin, and choosing or preferring holiness. This is its form when existing as a volition. When existing as an emotion, it sometimes rises into a strong abhorrence of sin and love of holiness.

회개는 감정의 형태이든 의지의 형태이든 마음에 존재한다고 말했습니다. 회개는 죄의 본질에 관련하여 마음의 변화를 올바르게 보여 주며, 근본적인 의미에 있어서 반드시 슬픈 생각을 포함하는 것은 아닙니다. 회개는 오로지 죄를 거절하며 거룩을 선택하거나 좋아하는 의지의 행동입니다. 이것은 회개가 의지로서 존재할 때의 모습입니다. 감정으로 존재할 때 회개는 가끔 죄에 대한 강한 혐오감을 갖게 하며, 거룩함에 대해 강한 사랑을 갖게 합니다.

So faith may exist, simply as a settled conviction or persuasion of mind, of the truths of revelation, and will have greater or less influence according to the strength and permanency of this persuasion. It is not evangelical faith, however, unless this

9. How to Change Your Heart (Ezekiel 18:31)
어떻게 마음을 변화시킬 것인가? (에스겔 18:31)

persuasion be accompanied with the consent of the will to the truth believed.

그래서 믿음은 계시의 진리에 대해 마음의 확고한 확신이나 마음의 신념으로 존재하게 됩니다. 그리고 믿음은 이 신념의 힘과 영원성에 따라 더 크게, 혹은 더 적은 영향을 끼치게 될 것입니다. 그러나 이 신념이 믿는 진리에 의지가 함께 수반되지 않는다면 그것은 복음적인 믿음이 아닙니다.

We often believe things to exist, the very existence of which is hateful to us. Devils and wicked men may have a strong conviction of the truth upon their minds, as we know they often do; and so strong is their persuasion of the truth, that they tremble; but still they hate the truth.

우리는 종종 존재하는 사물들을, 우리에게 미움의 대상이 되는 바로 그 존재를 믿습니다. 우리는 마귀와 악한 자들이 갖고 있는 것을 아는 것처럼 그들은 자신들의 마음에 있는 진리에 대한 어떤 강한 확신을 갖고 있을 것입니다. 진리에 대한 그들의 신념이 매우 강하기 때문에 그들은 전율합니다. 그러나 그들은 여전히 진리를 미워합니다.

But when the conviction of Gospel truth is accompanied with the consent of the will, or the mind's preference of it, it is evangelical faith, and in proportion to its strength will uniformly influence the conduct. But this is faith existing as a volition. When the objects of faith, revealed in the Gospel, are the subjects of intense thought, faith rises into 'emotion': it is then a felt confidence and trust, so sensible as to calm all the anxieties, and fears, and perturbations of the soul.

그러나 복음의 진리에 대한 확신이 의지가 동반되는 마음의 끌림이 있을 때그것은 복음적인 믿음입니다. 그 힘에 비례하여 행위에 늘 동일한 영향을 줄 것입니다. 그러나 이것은 의지로서 존재하는 믿음입니다. 복음에 나타난 믿음의 대상들이 열렬한 사고의 주제가 될 때 믿음은 '감정'으로 나타나게 됩니다. 그 감정은 확신과 신뢰에 대한 느낌이며, 결국 모든 영혼의 걱정과 두려움과 혼란을 진정시키는 만큼 깨달을 수 있게 됩니다.

To change your heart, as I have shown in the former discourse, and repeated in this, is to change the governing preference of your mind. What is needed, is, that your 'will' should be rightly influenced, that you should reject sin, and prefer God and obedience to every thing else. The question is, then, how is your will to be thus influenced?

지난 설교에서 말씀드린 것처럼, 그리고 지금 다시 반복하지만, 여러분의 마음을 변화시키는 것은 여러분의 마음을 지배하는 선호성을 변화시키는 것입니다. 여러분의 '의지'가 올바로 영향을 받아야 할 필요성이 있으며, 여러분이 죄를 거부하고 그 밖의 모든 것보다 하나님을 더 좋아해야 할 것입니다. 문제는 어떻게 해야 여러분의 의지가 이처럼 영향을 받을 수 있는가 입니다.

By what process is it reasonable to expect thus to influence your mind? Until your will is right, it is vain to expect felt emotions of true love to God, of repentance and faith. These feelings, after which perhaps you are seeking, and into which you are trying to force yourself, need not be expected until the will is bowed, until the ruling preference of the mind is changed.

여러분의 마음에 영향을 주기 위해 어떤 과정으로 기대하는 것이 알맞습니까? 여러분의 의지가 올바를 때까지 하나님께 진정한 사랑의 감정, 회개와 믿음의 감정을 느끼기를 기대하는 것은 소용이 없습니다. 어쩌면 여러분은 이런 감정을 찾고 자신을 강제로 느끼게 하려고 한 후, 의지가 복종할 때까지, 또 마음을 지배하는 선호성이 변화되기까지 감정에 기대할 필요는 없습니다.

And here you ought to understand that there are three classes of motives that decide the will: First, those that are purely selfish. Selfishness is the preference of one's own interest and happiness to God and his glory. Whenever the will chooses, directly or indirectly, under the influence of selfishness, the choice is sinful, for all selfishness is sin,

여기에서 의지를 결정하는 세 종류의 동기들이 있음을 이해해야 합니다. 첫째로 그것들은 매우 이기적이라는 것입니다. 이기심은 하나님과 그의 영광보다 자신의 관심을 더 좋아하는 것을 말합니다. 의지가 이기심의 영향 아래 직접적으로 결정할 때마다 그 선택은 곧 죄악입니다. 왜냐하면 모든 이기심은 죄이기 때문입니다.

A second class of motives that influence the will, are those that arise from self-love. Self-love is a constitutional dread of misery and love of happiness, and whenever the will is influenced purely by considerations of this kind, its decisions either have no moral character at all, or they are sinful.

의지에 영향을 끼치는 두 번째 종류의 동기는 자기애로부터 비롯된 것들입니다. 자기애는 비참함에 대한 본질적인 공포이자 행복을 본질적으로 사랑하는 것입니다. 의지가 이런 유의 사고에 전적으로 영향을 받을 때마다 그 결정은 전혀 도덕적 특성이 없거나 죄가 되는 것입니다.

The constitutional desire of happiness and dread of misery is not in itself sinful, and the consent of the will to lawfully gratify this constitutional love of happiness and dread of misery is not sinful. But when the will consents, as in the case of Adam and Eve, to a prohibited indulgence, it then becomes sinful.

행복에 대한 본질적 욕망과 재난에 대한 본질적 두려움은 그 자체로는 죄가 되지 않으며, 합법적으로 이런 행복의 본질적 사랑과 재난의 본질적 두려움을 만족시키기 위한 의지는 죄가 아닙니다. 그러나 아담과 이브의 경우에서처럼 의지가 금지된 방종에 동의할 때 의지는 죄가 되는 것입니다.

A third class of motives that influence the will, are connected with conscience. Conscience is the judgment which the mind forms of the moral qualities of actions. When the will is decided by the voice of conscience, or a regard to right, its decisions are virtuous. When the mind chooses at the bidding of principle, then, and only then, are its decisions according to the law of God.

의지에 영향을 끼치는 세 번째 종류의 동기는 양심과 연결되어 있습니다. 양심은 마음이 행동의 도덕적 특성을 만들어낸 재판관입니다. 의지는 양심의 소리로, 옳음을 존경하는 것으로 결정될 때 의지의 결정들은 덕스럽습니다. 마음이 원리의 명령을 선택할 때, 그 때만이 마음의 결정들은 하나님의 법에 의한 것입니다.

Fourthly, You cannot change your heart by attending to the present state of your feelings. It is very common when persons are called upon to change their hearts, for them to turn their thoughts upon themselves, to see whether they possess the requisite state of feeling; whether they have conviction enough, and whether they have those emotions which they suppose necessarily precede a change of heart.

네 번째로 여러분은 현재 상태의 느낌에 우선시하기 때문에 마음을 변화시킬 수 없습니다. 사람들은 자신들의 마음이 변화되도록 요구될 때 자신들의 생각을 자신에게 몰두하는 것, 자신들이 느낌의 필수적 상태에 있는지 알아보는 것, 자신들이 충분한 확신이 있는지 알아보는 것, 자신들의 마음의 변화를 전제하는 그런 감정이 있는지 알아보는 것은 매우 일반적인 일입니다.

They abstract their attention from those considerations that are calculated to decide their will, and think of their present feelings. In this diversion of their mind from the motives to change their heart, they inevitably lose what feeling they have, and for the time being render a change impossible. Our present feelings are subjects of consciousness, they have a felt existence in the mind; but if they be made, for a moment, the subject of attention, they cease to exist.

그들은 자신들의 의지를 결정하기에 적절한 동기로부터 주의를 딴 데로 돌리고, 현재 느낌에 관해 생각합니다. 마음을 변화시키는 동기를 통해 마음을 전환시키는데 있어서, 그들은 불가피하게 무슨 느낌을 갖고 있는지 잃어버리게 됩니다. 당분간 변화는 불가능합니다. 우리의 현재 느낌은 의식의 주제이며, 그 느낌은 마음에서 느껴지는 존재입니다. 그러나 그것을 잠시 동안 느끼게 되면 관심의 주제는 사라지게 됩니다.

9. How to Change Your Heart (Ezekiel 18:31)
어떻게 마음을 변화시킬 것인가? (에스겔 18:31)

While our thoughts are warmly engaged, and intensely occupied with objects without ourselves, with our past sins, with the character or requirements of God, with the love or sufferings of the Savior, or with any other subjects, corresponding emotions will exist in our minds. But if from all these, we turn our attention to our present feelings and attempt to examine them, there is no longer any thing before the mind to make us feel; our emotions cease of course.

우리의 생각들이 훈훈하게, 그리고 강렬하게 자신을 잊은 채로 사물에, 우리의 과거의 죄에, 하나님의 특성 혹은 요구에, 구세주의 사랑 혹은 고난에, 혹은 다른 주제들에 몰두하는 동안 그에 수반되는 감정은 우리 마음에 존재할 것입니다. 그러나 만일 우리가 이 모든 것에서 우리의 주의를 현재 느낌으로 바꾸고 그들을 조사하면, 우리를 느끼게 하는 마음 앞에 어떤 것도 더 이상 존재하지 않습니다. 우리의 감정도 물론 끝납니다.

While a man steadily looks at an object, its image is painted on the retina of his eye. Now, while he continues to direct his eye to the object, the image will remain upon the retina, and the corresponding impression will be upon his mind; but should he turn away his eye, the image upon the retina would no longer remain; and should he direct his attention to the mental impression instead of the object that caused it, the impression would at once be effaced from his mind.

사람이 꾸준히 사물을 보는 동안 그 영상이 망막에 그려집니다. 지금 그가 계속 그 사물을 바라보는 동안 그 영상은 망막에 남게 될 것이며, 일치하는 인상은 마음에 남아 있게 될 것입니다. 그러나 눈을 다른 곳으로 돌리면 그 망막에 있던 영상은 더 이상 머물지 않을 것입니다. 만일 그가 그의 주의를 사물대신 정신적 인상에 둔다면 그 인상은 당장 마음에서 지워지게 됩니다.

Remember, the present object is, not to call directly into existence certain emotions, but, by leading your mind to a full understanding of your obligations, to induce you to yield to principle, and to choose what is right. If you will give your attention, I will try to place before you such considerations as are best calculated to induce the state of mind which constitutes a change of heart.

기억하십시오. 현재의 사물은 어떤 감정을 '직접적으로' 불러일으키는 것이 아니라 여러분의 책임감을 충분히 이해하도록 여러분의 마음을 인도함으로써 원리에 복종하고 옳음을 선택하도록 권유하는 것입니다. 만일 여러분이 주의를 기울인다면, 나는 마음의 변화를 구성하는 마음의 상태로 가장 알맞게 유도하는 그러한 고찰들을 여러분께 드리기 위해 노력할 것입니다.

From this subject you can see that there are two classes of evidence of a change of heart; one is, those vivid emotions of love to God, repentance for sin, and faith in Christ, that often follow the change of choice. The other kind of evidence is an habitual disposition to

9. How to Change Your Heart (Ezekiel 18:31)
어떻게 마음을 변화시킬 것인가? (에스겔 18:31)

obey the requirements of God; that abiding preference of God's glory, over every thing else, that gives a right direction to all our conduct.

    이 주제로부터 여러분은 마음의 변화를 알기 위한 두 가지 종류의 증거가 있다는 것을 알 수 있습니다. 하나는 하나님을 향한 생기 넘치는 사랑의 감정, 죄에 대한 회개, 그리고 그리스도를 믿는 신앙으로써 이것은 종종 선택의 변화를 수반합니다. 또 다른 증거는 하나님의 말씀을 순종하는 습관적 기질입니다. 하나님의 영광을 그 밖의 모든 것보다 더 좋아하는 것, 이것이 우리의 모든 행위를 올바른 방향으로 나가게 합니다.

## 10. Peace, Be Still (Mark 4:35-39)
### 잠잠하라, 고요하라 (마가복음 4:35-39)

**Henry Ward Beecher** | 헨리 워드 비처

헨리 워드 비처(AD 1813-1887) 목사는 미국 코네티컷 주에서 회중 교회 목사의 아들로 태어났으며, 장로교회 목사가 되었다. 부룩클린에서 가장 유명한 설교자로 명성을 얻었으며, 1849년 반원 모양의 성전을 짓고 나자 매 주 2,500명이 그의 설교를 들으러 사방에서 몰려왔다. 심지어 매 주 맨해튼에서 특별 전세 배편으로 올 정도였다. 그는 은혜로운 하나님, 개인적이고도 사랑스런 예수님, 신앙의 감정을 불러일으키는 주제에 대해 주로 설교했다. 본 설교는 아브라함 링컨이 대통령 선서식 두 달 전인 1861년 1월 4일에 전해졌다.

At the close of a laborious day, our Savior entered a ship, upon the lake of Gennesaret, to cross to the other side. Wearied by his great tasks of mercy, which had filled the day, he fell sleep. Meantime, a sudden and violent wind, to which that lake is even yet subject, swept down from the hills, and well high overwhelmed them.

고된 하루의 일과가 끝날 즈음, 우리 구세주께서 게네사렛 호숫가에 있는 배에 오르신 후 다른 편 쪽으로 건너가시게 되었습니다. 그 날도 긍휼을 베푸신 많은 일들을 마치시고 피곤하셔서 잠이 드셨습니다. 그러는 동안 갑자기 강풍이 언덕에서부터 호수를 향해 불어와 그들을 덮쳐 버렸습니다.

They were not ignorant of navigation, nor unacquainted with that squally sea. They took in sail, and put out oars, and, heading to the wind, valiantly bore up against the gale, and thought nothing of asking help till they had exerted every legitimate power of their own. But the waves over-leaped their slender bulwarks, and filled the little vessel past all bailing.

그들은 항해에 능숙했고, 바다에서 강풍을 만나는 데에도 익숙했습니다. 그들은 돛을 달고 바람을 향해 노를 저어갔습니다. 강풍을 대항하여 견뎠습니다. 하지만 그들은 기진맥진할 때까지 도움을 요청할 생각을 하지 못했습니다. 그러나 파도는 가느다란 배의 갑판을 넘쳐 들어와 작은 배가 물로 가득 차게 되었습니다.

Then, when they had done all that men could do, but not till then, they aroused the sleeping Christ and implored his succor. Nor for coming to him, did he rebuke them; but for coming with such terror of despair, saying, Why are ye so fearful? How is it that ye have no faith? He out breathed upon the winds, and their strength quite forsook them. He looked upon the surly waves, and they hasted back to their caverns. There is no tumult in the heavens, on the earth, nor upon the sea, that Christ's word cannot control.

그 때, 보통 사람들이 할 수 있는 것을 다 했을 때, 그때서야 비로소 그들은 주무시는 그리스도를 깨워 구원을 요청했습니다. 제자들이 그에게 오지 않은 것에 대해 그리스도는 꾸짖었으며, 절망의 공포로 온 것에 대해 너희는 왜 그렇게 무서워하느냐고 말씀했습니다. 너희가 어찌 믿음이 없는가? 그는 바람을 향해 숨을 내쉬셨으며, 그들의 힘은 쇠진했습니다. 그는 험악한 파도를 보셨고, 그들은 서둘러 몸을 숨겼습니다. 하늘에도 땅에도 바다에도 예수님의 말씀으로 통제할 수 없는 소란스러운 일은 없습니다.

If at such a solemn crisis as this, men refuse to look at things as they are; to call their sins to remembrance; to confess and forsake; if they shall cover over the great sins of this people, and confess only in a sentimental way, (as one would solace an evening sadness by playing some sweet and minor melody), then we may fear that God has indeed forsaken his people.

10. Peace, Be Still (Mark 4:35-39)
잠잠하라, 고요하라 (마가복음 4:35-39)

만일 이와 같은 심각한 위기에서 사람들이 사물들을 있는 그대로 보지 않는다면, 자신들의 죄를 기억하고 죄를 회개하고 버린다면, 만일 그들이 이 백성들의 커다란 죄를 덮어버리고 (어떤 이가 감미로운 단조의 멜로디를 연주하므로 저녁의 슬픔을 달래는 것처럼) 감상적으로만 회개한다면 우리는 하나님이 참으로 그의 백성을 버리셨다고 두려워할 수도 있을 것입니다.

But if we shall honestly confess our real sins; if we propose to cleanse ourselves from them; if we do not make prayer a substitute for action, but an incitement to it; if we rise from our knees this day more zealous for temperance, for honesty, for real brotherhood, for pure and undefiled religion, then will the clouds begin to creak, and we shall see the blue shining through, and the sun, ere long, driving away tumultuous clouds, shall come back in triumph.

그러나 만일 우리가 정직하게 우리의 죄를 고백하면, 만일 우리의 죄가 깨끗하게 씻어지기를 기도한다면, 만일 우리가 기도를 행동으로 대신하지 않고 기도가 행동의 자극이 된다면, 만일 우리가 오늘날 무릎을 일으켜 절제를 위해, 정직을 위해, 진정한 우애를 위해, 거룩하고 더럽히지 않은 신앙심을 위해 더욱 열렬해진다면 구름은 걷히기 시작할 것이며 우리는 푸른 하늘에 빛나는 태양을 볼 것입니다. 태양은 곧 소란스런 구름을 물리치고 의기양양하게 다시 비치게 될 것입니다.

It is well, then, that everyone of us make this day the beginning of a solemn review of his own life, and the tendencies of his own conduct and character. A general repentance of national sins should follow, rather than precede, a personal and private conviction of our own individual transgressions. For it has been found not difficult for men to repent of other people's sins; but it is found somewhat difficult and onerous to men to repent of their own sins.

우리 모두가 오늘을 자신의 삶과, 자신의 행동과, 성격의 경향을 엄숙히 성찰하기 시작하는 날로 여기는 것도 좋을 것입니다. 국가적 죄의 회개는 우리 자신의 개인적 회개에 우선하기보다 결과로서 나타나게 됩니다. 왜냐하면 사람들은 다른 사람들의 죄에 대해 회개하는 것은 어렵지 않다고 알기 때문입니다. 그러나 자기 자신의 죄를 회개하는 것은 생각보다 어렵고 불편합니다.

We are all of us guilty before God of pride, of selfishness, of vanity, of passions unsubdued, of worldliness in manifold forms, and of strife. We have been caught in the stream, and swept out into an ocean of thought and feelings, which cannot bear the inquest of God's judgment day. And we have lived in then almost unrebuked. Each man will find his own life full of repentable sins unrepented of.

우리는 모두 하나님 앞에 교만, 이기심, 허무함, 복종하지 않는 열정, 여러 모양의 세속주의, 투쟁 등의 죄를 짓고 있습니다. 우리는 강물에 빠져 심판

10. Peace, Be Still (Mark 4:35-39)
잠잠하라, 고요하라 (마가복음 4:35-39)

날에 죄의 심판을 견디지 못하는 사고와 감정의 바다 속으로 휩쓸려 버렸습니다. 우리는 어떤 책망도 받지 않은 채 죄 가운데서 살았습니다. 각 사람은 회개하지 않은 채 회개해야 할 것이 가득 찬 자신의 삶을 발견할 것입니다.

We should take solemn account of our guilt in the great growth of social laxity, and vice, and crime, in our great cities. We have loved ease rather than duty. Every American citizen is by birth a sworn officer of State. Every man is a policeman. If bad men have had impunity; if the vile have controlled our municipal affairs; if by our delinquencies and indolence justice has been perverted, and our cities are full of great public wickedness, then we cannot put the guilt away from our own consciences. We have a partnership in the conduct of wicked man, unless we have exhausted proper and permissible means of forestalling and preventing it.

대도시에서 사회적 방종, 악덕, 범죄가 증가하는 데 있어서 우리는 신중하게 가책을 느껴야 합니다. 우리는 의무보다 편리함을 사랑했습니다. 모든 미국인은 나면서부터 국가에 서약한 공무원입니다. 모든 사람이 경찰입니다. 만일 나쁜 사람들이 벌을 받지 않는다면, 만일 악한 사람들이 사법부를 통제했다면, 만일 우리가 직무 태만과 게으름으로 정의가 왜곡되었다면, 우리의 도시가 커다란 사회악으로 가득 차 있다면, 그렇다면 우리는 우리의 양심으로부터 가책을 제거할 수 없을 것입니다. 만일 우리가 사회악을 방제하기 위해 앞장서서 적절하면서도 가능한 조치들을 다하지 않는다면 우리는 악한 사람들의 행동에 협력하고 있는 것입니다.

We may not refuse to consider the growth of corrupt passions in connection with the increase of commercial prosperity. Luxury, extravagance, ostentation, and corruption of morals in social life, have given alarming evidence of a premature old age in a young country. This sins of a nation are always the sins of certain central passions. In one age they break out in one way, and in another age in another way; but they are the same central sins, after all.

우리는 상업적 번영의 성장과 관련하여 부패한 열정의 성장에 대해서 생각하는 것조차 거절하지 않는지도 모릅니다. 사치, 낭비, 과시, 사회생활에서의 도덕적 목표는 젊은 나라에서 조숙한 늙음을 나타내는 놀랄 만한 증거를 제시한 것입니다. 한 국가의 이러한 죄는 대개 어떤 주요한 열정들의 죄악입니다. 어떤 시대에는 어떤 방법으로 일이 발생하며, 다른 시대에는 다른 방법으로 발생합니다. 그러나 결국 그 중심에는 같은 죄가 있습니다.

The corrupt passions which lead in the Southern States to all the gigantic evils of slavery, in Northern cities break out in other forms. The grinding of the poor, the advantages which capital takes of labor, the oppression of the farm, the oppression of the road, the oppression of the shop, the oppression of the ship, are all of the same central nature, and as guilty before God as the more systematic and

10. Peace, Be Still (Mark 4:35-39)
잠잠하라, 고요하라 (마가복음 4:35-39)

overt oppressions of the plantation. It is the old human heart that sins, always, and the nature of pride and of dishonesty are universal.

남부 국가를 노예제도라는 커다란 악으로 이끈 부패한 열정이 북부 도시에서는 다른 방식으로 발생합니다. 가난한 자에 대한 압박, 노동에 의한 자본 이익, 농업의 억압, 도로의 억압, 상점의 억압 등은 모두 같은 중심의 성질에 관한 것입니다. 농장에 대해 조직적으로, 그리고 명백하게 억압한 것 같이 하나님 앞에서 죄악인 것입니다. 항상 죄 짓는 것은 옛 인간의 마음입니다. 교만과 부정직의 성품은 모든 사람에게 있습니다.

There is occasion for alarm and for humiliation before God, in the spread of avarice among our people. The intense eagerness to amass wealth; the growing indifference of morals; the gradual corruption of moral sense, so that property and interest supersede moral sense, and legislate and judge what is right and wrong; the use of money for bribery, for bribing electors and elected; the terrible imputations which lie against many of our courts, that judges walk upon gold, and then sit upon gold in the judgmentseat; these of money in legislation; and the growing rottenness of politics from the lowest village concern to matters of national dimension, from constables to the Chief Magistrate of these United states - is this all to be confessed only in a single smooth sentence?

우리 민족 가운데 탐욕이 퍼지고 있는 것에 대해 하나님 앞에서 놀라움과 창피함이 있습니다. 부를 축적하고자 하는 강한 욕구, 도덕적 무관심의 증대, 점진적인 도덕적 부패, 이러한 현상들은 재산과 소득, 옳고 그름에 대한 사법과 판단, 뇌물을 위한 금전 사용, 선거인에게 뇌물을 주는 금전 사용, 많은 법정에서 거짓말하는 무서운 책임 전가, 판사가 재판석에서 금전으로 군림하는 것, 사법계의 금전 사용, 가장 낮은 촌락에서부터 국가적 차원에 이르기까지, 일반 경찰직으로부터 대통령에 이르기까지 정치 부패의 증대 등 어떻게 이 모든 것들을 한 문장의 부드러운 말로 참회할 수 있습니까?

But upon a day of national fasting and confession, we are called to consider not alone our individual and social evils, but also those which are national. And justice requires that we should make mention of the sins of this nation on every side, past and present. I should violate my own exciting influences, I should neglect to mention the sins of this nation against the Indian, We must remember that we are the only historians of the wrongs of the Indian.

그러나 국가의 금식 회개의 날에 우리는 개인과 사회적인 악뿐만 아니라 국가적인 악들에 대해서도 고려하도록 요청받고 있습니다. 정의는 우리에게 과거와 현재의 모든 면에서 이 나라의 죄를 언급해야 한다고 요구하고 있습니다. 내가 만일 이 나라가 인디언들에게 저지른 죄를 언급하기를 등한시한다면 나는 내 신념을 더럽히는 것입니다. 우리는 우리야말로 인디언들

10. Peace, Be Still (Mark 4:35-39)
잠잠하라, 고요하라 (마가복음 4:35-39)

에게 저지른 나쁜 일에 대해 역사적 증인임을 기억해야 합니다.

And our history of the Indian nations of this country, is like the inquisitor's history of his own trials of innocent victims. He leaves out the rack, and the groans, and the anguish, and the unutterable wrongs, and puts but his own glozing view in his journal.

이 나라 인디언족의 역사는 순진한 희생자들을 재판하는 종교 재판관의 역사와 방불케 합니다. 종교 재판관은 고문, 신음, 고뇌, 말할 수 없는 부정들을 무시하고 자신의 학술지에 자신의 꾸며낸 견해를 글로 써냅니다.

We have heaped up the account of treachery and cruelty on their part, but we have not narrated the provocations, the grinding intrusions, and the misunderstood interpretations of their policy, on our part. Every crime in the calendar of wrong, which a strong people can commit against a weak one, has been committed by us against them.

그들의 편에서 볼 때 우리는 반역과 잔악함의 보고서를 쌓아 올리지만, 우리 편에서 볼 때 우리는 도발, 억압적 강요, 그들의 정책에 대한 오해된 해석을 말하지 않았습니다. 부정 목록에 있는 모든 범죄, 즉 강자가 약자에게 범할 수 있는 모든 범죄는 우리가 그들에게 저지른 것이었습니다.

We have wasted their substance; we have provoked their hostility, and then chastised them for their wars; we have compelled them to peace ignominiously; we have formed treaties with them only to be broken; we have filched their possessions. In our presence they have wilted and wasted. A heathen people have experienced at the side of Christian nation, almost every evil which one people can commit against another.

우리는 그들의 실체를 약화시켰습니다. 우리는 그들의 적개심을 격분시켰습니다. 그 때 우리는 그들을 전쟁으로 처벌했습니다. 우리는 그들에게 수치스럽게 강제로 평화조약을 맺게 했습니다. 우리는 깨뜨릴 수도 있는 조약을 그들과 맺었습니다. 우리는 그들의 소유물을 훔쳤습니다. 그들은 우리의 면전에서 약해졌고 황폐하게 되었습니다. 이교도 사람들은 기독교 국가 옆에서 한 민족이 다른 민족에게 범하는 거의 모든 악을 경험했습니다.

We are called by our Chief Magistrate to humble ourselves before God for our sins. This is not only a sin, but it is a fountain from which have flown so many sins that we cannot rightly improve this day without a consideration of them.

우리의 대통령은 우리가 저지른 죄로 인해 하나님 앞에 우리 자신을 겸손하게 하라고 요구합니다. 노예제도는 죄일 뿐만 아니라 수많은 죄들이 흘러나오는 근원입니다. 그래서 오늘날 그 제도를 생각하지 않고는 올바로 개선할 수 없습니다.

In one and the same year, 1620, English ships landed the Puritans in New England, and Negro slaves in Virginia-two seeds of two systems that were destined to find here a growth and strength unparalleled in history. It would have seemed almost a theatric arrangement, had these oppugnant elements, Puritan liberty and Roman servitude (for, whatever man may say, American slavery is not Hebrew slavery; it is Roman slavery.)

1620년 같은 해에 영국 배를 타고 청교도들은 뉴잉글랜드에 상륙했고, 흑인 노예들은 버지니아에 상륙했습니다. 즉, 역사에서 비길 수 없는 성장과 강성함을 이곳에서 발견하게 된 두 제도의 씨앗입니다. 그것은 거의 각색된 연극으로 보였을 것이며, 이 상반되는 요소인 청교도의 자유와 로마의 노예제도를 포함하고 있었습니다. (사람들이 무엇이라고 말하든지 간에 미국의 노예제도는 히브리의 노예제도가 아닙니다. 그것은 로마의 노예제도입니다.)

We borrowed every single one of the elemental principles of our system of slavery from the Roman law, and not from the old Hebrew. The fundamental feature of the Hebrew system was that the slave was a man, and not a chattel, while the fundamental feature of the Roman system was that he was a chattel, and not a man.

우리는 노예제도의 기본 원리 하나하나를 모두를 옛 히브리법이 아니라 로마법에서부터 빌려왔습니다. 로마제도의 근본적인 특징은 노예는 소지품이고 사람이 아니라고 하는 반면에, 히브리 제도의 근본적인 특징은 노예는 사람이고 소지품이 아니라는 것입니다.

The essential principle of the old Mosaic servitude made it the duty of the master to treat his servants as men, and to instruct them in his own religion, and in the matters of his own household; while the essential principle of Roman servitude allowed the master to treat his servants to all intents and purposes a chattels, goods-it would have seemed, I say, almost a theatric arrangement had these oppugnant elements, Puritan liberty and Roman servitude.

자신의 직업 문제에 있어서 로마 노예제도의 주요 원리에는 주인이 자신의 노예를 소지품이나 상품으로서 모든 의도와 목적으로 취급하도록 허락했던 반면에, 옛 모세법에서 노예제도의 주요 원리에서는 자신의 노예를 사람으로 취급하는 것이 주인의 의무였음을 가르치고 있다고 규정했습니다. 말하자면, 연극의 각색은 이런 상반된 요소인 청교도의 자유와 로마의 노예제도를 포함한 것으로 보였을 것입니다.

But it was not to be so. The same Government has nourished both elements, Our Constitution nourished twins. It carried Africa on its left bosom, and Anglo-Saxony on its right bosom; and side of the

10. Peace, Be Still (Mark 4:35-39)
잠잠하라, 고요하라 (마가복음 4:35-39)

body politic has grown fair, and healthy, and strong; the other side has grown up as a wen grows, and wart, vast, the weaker. And this nation is like a strong man with one side paralyzed, but nourished and carried along by the help of the other side.

그러나 그렇게 되지 말았어야 했습니다. 같은 정부가 두 요소를 키웠습니다. 우리 헌법은 쌍둥이를 키웠습니다. 왼쪽 젖가슴으로 아프리카를, 오른쪽 젖가슴으로 앵글로색슨을 키웠습니다. 국가의 한편은 밝고 건강하게 자라고 있으며, 국가의 다른 한편은 혹이 자라는 것처럼 자랍니다. 사마귀가 커지면 커질수록 몸은 더 약해집니다. 이 나라는 한 쪽이 불구가 되었으나 다른 한 쪽의 도움으로 키워 주고 지탱하는 강한 남자와 같습니다.

Love God, love men, love your dear fatherland; to-day confess your sins toward God, toward men, toward your own fatherland; and may that God that loves to forgive and forget, hear our cries and our petitions which we make, pardon the past, inspire the future, and bring the latter-day glory in this nation. Amen, and amen.

하나님을 사랑하고, 사람들을 사랑하고, 친애하는 조국을 사랑하십시오. 오늘 하나님께, 사람들에게, 조국에게 여러분의 죄를 고백하십시오. 용서하시고 잊어버리기를 좋아하시는 하나님께서 우리의 부르짖음과 청원을 들으시기를 간구합니다. 과거를 용서하시고, 미래를 밝게 하시고, 말세의 영광을 이 나라에 부어주시기를 바랍니다. 아멘, 아멘.

## 11. On Being Born again (John 3:3)
거듭남에 관하여 (요한복음 3:3)

**Dwight Lyman Moody** | 드와이트 라이먼 무디

D. L. 무디(AD 1837-1899)는 매사추세츠 주의 노스필드에서 태어났다. 그의 4살 때 부친이 돌아가셨고, 17세에 학업을 그만두고 삼촌의 구두점에서 세일즈맨으로 일하기 시작했다. 그 때 교회학교 교사인 에드워드 킴블에 의해 예수님을 영접했고, 그 후 주일학교 교사가 되어 1,500명의 학생이 모일 정도로 부흥을 일으켰다. 남북전쟁 후 교회와 학교를 많이 짓고 무디성서학교도 세웠다. 그는 유럽과 미국에서 전도 집회를 인도했으며, 개인적 유대관계도 70만 명이나 되었다. 무디는 1억 인구에게 복음을 전했으며, 1백만 명의 영혼을 주께 인도했다. 그의 협력자인 작곡자 생키의 찬양 인도는 언제나 그의 집회에 큰 힘이 되었다.

Suppose I put the question to this audience, and ask how many believe in the Word of God, I have no doubt every man and every woman would say, "I believe." There might be an infidel or skeptic here and there, but undoubtedly the great mass would say they believed. Then what are you going to do with this solemn truth, "Except a man be born again, he can not see the kingdom of God?" This third chapter of St. John makes the way to Heaven plainer than any other chapter in the Bible; yet there is no truth so much misunderstood, and the church and the world are so troubled about, as this.

내가 여기에 있는 청중들에게 질문한다고 가정해 봅시다. 얼마나 많은 분들이 하나님의 말씀을 믿는지 물어본다면 모든 남녀 여러분들은 "저는 믿습니다."라고 대답할 것임에 의심치 않습니다. 여기저기에 이단자들과 회의론자들이 있을 수 있지만 수많은 대중들은 의심 없이 믿는다고 말할 것입니다. 그럼 여러분들은 "사람이 거듭나지 않고는 하나님 나라를 볼 수 없느니라"라는 엄숙한 진리를 어떻게 하시겠습니까? 요한복음 3장은 성경 어느 장보다 하늘의 도에 관해 쉽게 설명하고 있습니다. 그렇지만 이 진리만큼 더 오해되는 것이 없으며 교회와 세상 사람도 이 진리를 이해하는데 매우 어려워하고 있습니다.

Let me just say, before I go any further, what regeneration is not. It is not going to church. How many men think they are converted because they go to church! I come in contact with many men who say they are Christians because they go to church regularly. It is a wrong idea that the devil never frequents any place but billiard-halls, saloons, and theatres; wherever the Word of God is preached, He is there. He is in this audience today, you may go to church all the days of your life, and yet not be converted. Going to church is not being born again.

말씀을 시작하기 전에 무엇이 거듭남이 아닌지에 대해 말씀드리겠습니다. 거듭남은 교회에 출석하는 것으로 증명할 수 없습니다. 얼마나 많은 사람들이 교회에 출석하는 것을 회심한 것으로 생각하고 있는지 모릅니다. 규칙적으로 교회에 간다고 해서 자칭 크리스천이라고 말하는 많은 사람들을 만나게 됩니다. 마귀가 당구장, 선술집, 극장 외에 다른 장소는 결코 빈번하게 돌아다니지 않는다고 생각하는 것은 잘못된 생각입니다. 하나님의 말씀이 전파되는 곳이면 어디라도 마귀는 그 곳에 있습니다. 마귀는 오늘 이 청중 속에 있습니다. 여러분들이 평생 교회를 다닐지라도 개종된 것은 아닐 것입니다. 교회 다닌다고 해서 거듭난 것은 아닙니다.

But there is another class who say, "I have been baptized, and I think I was regenerated when that took place." Where do those persons get their evidence? Certainly not in the Bible. You cannot baptize men into regeneration. If you could, I would go up and down the world and baptize every man, woman, and child; and if I could

11. On Being Born again (John 3:3)
거듭남에 관하여 (요한복음 3:3)

not do it when they were awake, I would do it while they slept. But the Word says, "Except a man be born again" – born in the Sprit. Born in righteousness from above – "he can not see the kingdom of God."

그러나 "저는 세례 받았습니다. 제가 세례 받았을 때 거듭났다고 생각합니다"라고 말하는 어떤 부류의 사람들이 있습니다. 그들은 어디에서 자기들의 주장하는 증거를 찾을 수 있습니까? 분명히 성경에는 없습니다. 세례를 베풀어 사람들을 중생시킬 수 없습니다. 만약 사람이 할 수 있다면 내가 세상 구석구석 다니면서 모든 남녀 아이들에게 세례를 주었을 것입니다. 사람들이 깨어 있는 동안에 세례를 베풀 수 없다면 그들이 잠드는 동안 세례를 베풀었을 겁니다. 그러나 성경은 "사람이 거듭나지 아니하면 하나님 나라를 볼 수 없느니라"고 말하고 있습니다. 다시 말하면 성령 안에서 태어남을 말하며, 위로부터 오는 의 안에서 태어남을 말합니다.

There is another class who say, "I was born again when I was confirmed. I was confirmed when I was five years old." But confirmation is not regeneration. A new birth must be the work of God, and not the work of man. Baptism, confirmation, and other ordinances are right in their place, but the moment you build hope on them instead of on new birth, you are being deceived by Satan.

"저는 견신례를 했을 때 거듭났습니다. 저는 다섯 살 때 견신례를 받았습니다"라고 말하는 부류가 있습니다. 견신례를 받았다고 해서 중생한 것은 아닙니다. 새로 태어남은 하나님의 역사이지 인간의 일이 아닙니다. 세례와 견신례 및 그 외 의식들은 그 나름대로 중요하지만 새로 태어남의 중요성을 배제하고 있습니다. 다른 의식들을 희망으로 삼는 순간, 당신은 사탄에게 속임을 당하고 있는 것입니다.

Another man says, "I say my prayers regularly." I suppose there was no man prayed more regularly than Paul did before Christ met him; he was a praying man. But saying prayers is one thing, and praying is another. Saying prayers is not conversion. You may pray from education; your mother may have taught you when you were a little boy.

또 다른 사람은 "저는 규칙적으로 기도합니다"라고 말합니다. 그리스도가 바울을 만나기 전, 바울보다 더 규칙적으로 기도한 사람은 없다고 생각합니다. 그는 기도하는 사람이었습니다. 그러나 의식적으로 기도하는 것과 진정으로 기도하는 것은 서로 다릅니다. 의식적으로 기도하는 것은 개종과 관계가 없습니다. 기도는 배워서 할 수 있을 것입니다. 우리가 어릴 때 어머니들이 우리에게 기도하는 법을 가르쳐 주었을 것입니다.

I remember that I could not go to sleep when I was a little boy unless I said my prayers, and yet perhaps the very next word I uttered might be an oath. There is just as much virtue in counting

11. On Being Born again (John 3:3)
거듭남에 관하여 (요한복음 3:3)

beads as in saying prayers, unless the heart has been regenerated and born again.

어린 소년 시절, 기도하지 않고는 잠을 잘 수 없었던 것을 기억합니다. 기도한 다음 바로 말한 내용은 아마도 맹세였을 것입니다. 중생하지 않았고 거듭나지 않았다면, 의식적인 기도는 염주를 세면서 염불을 하는 것과 같은 덕목에 불과합니다.

There is another class who say, "I read the Bible regularly." Well, reading the Bible is very good, and prayer is very good in its place; but you don't see anything in the scriptures which says, "Except a man read the Bible he can not see the kingdom of God."

또 다른 부류의 사람들은 "저는 규칙적으로 성경을 읽습니다"라고 말합니다. 성경을 읽는 것은 매우 훌륭합니다. 기도하는 것도 매우 좋습니다. 그러나 여러분은 성경에서 "사람이 성경을 읽지 않고는 하나님 나라를 볼 수 없느니라"고 말한 구절을 찾을 수 없을 것입니다.

There is still another class who say, "I am trying to do the best I can, and I will come out all right." That is not new birth at all; that is not being born of God. Trying to do the best you can is not regeneration. This question of new birth is the most important that ever came before the world, and it ought to be settled in every man's mind.

또 다른 부류의 사람들은 "저는 할 수 있는 한 최선을 다하고 있으며, 모든 것이 결과적으로 잘 될 것입니다"라고 말합니다. 이것은 전혀 새로 태어남을 말하는 것이 아닙니다. 이것은 하나님으로부터 태어남을 말하지 않습니다. 최선을 다하는 것이 중생은 아닙니다. 새로 태어남의 문제는 세상의 모든 사람들 앞에 주어진 중요한 일입니다. 이 문제는 모든 사람의 마음에서 해결되어야 합니다.

Every one should inquire, Have I been born of the Spirit?-have I passed from death unto life?- or am I building my hopes of Heaven on some form? In the first chapter of Genesis we find God working alone; He went on creating the world all alone. Then we find Christ coming to Calvary alone. His disciples forsook Him, and in redemption He was alone. And when we get to the third chapter of John we find that the work of regeneration is the work of God alone.

모든 사람들은 "나는 성령으로 태어났는가?" 혹은 "나는 사망에서 생명으로 옮겨졌는가?" "나는 어떤 형태로든지 하늘의 소망을 쌓고 있는가?"라는 질문을 해봐야 합니다. 우리는 창세기 1장에서 하나님이 홀로 일하시는 것을 봅니다. 그는 홀로 세계를 창조하고 계셨습니다. 그리스도께서 갈보리에 홀로 가셨음을 봅니다. 그의 제자들은 그를 저버렸고, 구원 사역에 있어서 그는 혼자이셨습니다. 요한복음 3장에 보면 중생의 사역은 하나님께서 홀로 하신 사역이라고 말씀하십니다.

What man wants is to come to God for this new heart. The moment he gets it he will work for the Lord. He cannot help it; it becomes his second nature. We believe that Christ came from the Father and that He grew up and taught men. We believe He went into the sepulcher and burst the bands of death.

인간의 할 일은 새 마음을 얻기 위해 하나님께 나오는 것입니다. 새 마음을 얻는 순간, 그는 주님을 위해 일할 것입니다. 어찌할 도리가 없습니다. 주님을 위해 일하는 것은 구원 받은 사람들이 얻게 되는 제 2의 천성입니다. 우리는 그리스도께서 하나님으로부터 오시고 성장하셔서 사람들을 가르쳤음을 믿습니다. 우리는 그리스도께서 무덤에 들어가시고 죽음의 굴레를 깨뜨리셨음을 믿습니다.

You may ask me to explain all this; but I don't know how to do it. You ask me to explain regeneration. I cannot do it. But one thing I know—that I have been regenerated. All the infidels and skeptics could not make me believe differently. I feel a different man than I did twenty-one years ago last March, when God gave me a new heart. I delight to labor for God, and all the influences of the world cannot convince me that I am not a different man.

여러분들은 이것에 대해 설명하라고 요청할 것입니다. 그러나 나는 어떻게 설명할 지 잘 모릅니다. 여러분들은 중생에 관해 설명해 달라고 요청하지만, 나는 설명할 수 없습니다. 그러나 내가 아는 한 가지는 내가 중생했다는 사실입니다. 모든 이교도들과 회의론자들은 나에게 강제로 다른 종교를 믿게 할 순 없습니다. 나는 21년 전 3월에 하나님이 나에게 새 심령을 주셨을 때 다른 사람이 되었습니다. 나는 하나님을 위해 수고하는 것을 기뻐합니다. 세상의 모든 영향력을 동원하더라도 내가 변화된 사람이 아니라고 납득시킬 수는 없습니다.

I heard some time ago about four or five commercial travelers going to hear a minister preach. When they got back to their hotel, they began to discuss the sermon. A good many people just go to church for the purpose of discussing those things, but they should remember that they must be spiritually inclined to understand spiritual things. Those travelers came to the wise conclusion that the minister did not know what he was talking about.

얼마 전에 네 다섯 명의 여행자들이 어떤 목사의 설교를 듣기 위해 쫓아다닌다고 들었습니다. 그들은 호텔로 돌아와서 설교에 대해 논의하기 시작했습니다. 많은 사람들이 설교나 목사에 대해 평가하려고 교회에 갑니다. 그러나 영적인 것을 이해하기 위하여 그들 스스로 영적으로 민감해야만 한다는 사실을 알아야 합니다. 여행자들은 현명한 결론에 도달했는데, 그 목사는 자신이 무엇을 말하는지 모른다는 것이었습니다.

An old man heard them say they would not believe anything unless

### 11. On Being Born again (John 3:3)
거듭남에 관하여 (요한복음 3:3)

they could reason it out, and he went up to them and said: "While I was coming down in the train this morning I noticed in a field some sheep, some geese, some swine, and cattle eating grass. Can you tell me by what process that grass is turned into hair, feathers, wool, and horns?" "No," they answered, "not exactly." "Well, do you believe it is done?" "Oh, yes, we believe that." "But," said the old man, "you said you could not believe anything unless you understood it." "Oh," they answered, "we can not help believing that; we see it." Well, I cannot help believing that I am regenerated, because I feel it.

논리적으로 증명할 수 없다면 어떤 것도 믿지 않을 것이라고 말하는 그들의 말을 들은 어떤 노인이 그들에게 다가가서 말했습니다. "오늘 아침 기차를 타고 내려오는 동안 나는 들판에서 양과 거위와 돼지와 가축들이 풀을 뜯어먹는 것을 보았습니다. 여러분은 무슨 과정을 통해서 풀이 머리털로, 깃털로, 모로, 뿔로 변화되는지 말해 줄 수 있겠습니까?" 그들은 "아니오, 잘 모르겠습니다."라고 대답했습니다. "그럼 그 사실을 믿습니까?" "오, 물론 믿습니다." "그런데 당신들은 이해할 수 없다면 어떤 것도 믿을 수 없다고 말하지 않았습니까?"라고 노인이 말했습니다. 그들은 "우리는 믿지 않을 수 없습니다. 우리는 그것을 압니다."라고 대답했습니다. 그렇다면 나도 내가 거듭났다는 사실을 믿지 않을 수 없습니다. 왜냐하면 그것을 느끼고 있기 때문입니다.

Christ could not explain it to Nicodemus, but said to him, "The wind blow where it listen and thou hearest the sound thereof, but canst not tell whence it cometh and whither it go"(John 3:8). Can you tell all about the currents of the air? He says it is every one that is born of the Spirit.

그리스도께서 니고데모에게 거듭남에 대해 설명하지 않으시고 그에게 다음과 같이 말씀하셨습니다. "바람이 임의로 불매 네가 그 소리를 들어도 어디서 오며 어디로 가는지 알지 못하나니"(요 3:8). 공기의 흐름에 대해 모두 설명할 수 있습니까? 예수님은 말씀하시기를 성령으로 태어난 자마다 이와 같다고 하셨습니다.

Suppose, because I never saw the wind, I say it was all false. I have lived nearly forty years, and I never saw the wind. I never saw a man that ever did see it. I can imagine that little girl down there saying, "That man don't know as much as I do. Did not the wild blow my hat off the other day? Haven't I felt the effects of the wind? Haven't I felt it beating against my face?" And I say you never saw the effects of the wind any more than a child of God felt the Spirit working in his heart. He knows that his eyes have been opened; that he has been born of the Spirit; that he has got another nature, after he has been born of the Spirit. It seems to me this is perfectly reasonable.

내가 바람을 보지 못했기 때문에 바람이 거짓되다고 말한다고 가정해 봅

11. On Being Born again (John 3:3)
거듭남에 관하여 (요한복음 3:3)

시다. 나는 거의 사십 년을 살았지만, 바람을 본 적은 없습니다. 나는 바람을 보았다는 사람을 본 적이 없습니다. 어린 소녀가 "저 분은 내가 아는 것만큼 알지 못합니다. 지난날에 거친 바람이 저의 모자를 날려 보내지 않았습니까? 제가 바람의 효력을 느끼지 않았습니까? 바람이 제 얼굴을 강하게 치는 것을 느끼지 않았습니까?"라고 말합니다. 그는 성령으로 태어난 후에 그의 눈은 열렸고 성령으로 태어났음을 압니다. 그리고 그는 제 2의 천성을 가진 것을 압니다. 이것은 완벽하게 논리적이라고 생각합니다.

We have a law that no man shall be elected President unless he was born on American soil. I never heard anyone complain of that law. We have Germans, Scandinavians, foreigners coming here from all parts of the world, and I never heard a man complain of that law. Haven't we got a right to say who shall reign? Had I any right when I was in England, where a Queen reigns, to interfere? Has a foreigner any right to interfere here?

미국 땅에서 태어나지 않으면 대통령으로 임명될 수 없다는 법이 있습니다. 이 법을 불평하는 사람에 대해 들어 본 적이 없습니다. 미국에는 독일 사람, 스칸디나비아 사람, 세계 각지에서 온 외국 사람들이 있는데, 이 법을 불평하는 사람은 한 사람도 들어보지 못했습니다. 누가 군림 할 것인가에 대해 말할 권리가 없습니까? 여왕이 군림하는 영국에서 방해할 어떤 권리가 나에게 있습니까? 외국인이 이 나라에서 이 법을 방해할 권리를 가졌습니까?

Has not the God of Heaven a right to say how a man shall come into His kingdom, and who shall come? And He says: "Except a man be born again, he cannot see the kingdom." How are you going to get in? Going to try to educate men? That is what men are trying to do, but it is not God's way. A man is not much better after he is educated if he hasn't got God in his heart.

하늘의 하나님께서는 사람들이 어떻게 그의 왕국에 들어갈 것인가에 대해, 누가 올 것인가에 대해 말할 권한이 없습니까? 그는 "사람이 거듭나지 않으면 하나님 나라를 볼 수 없느니라"고 말씀하십니다. 어떻게 우리가 들어갈 것입니까? 사람들을 교육함으로 들어가게 할 수 있습니까? 사람들은 교육을 통해 시도하려고 하지만 그것은 하나님의 방법이 아닙니다. 그 사람의 마음속에 하나님을 갖지 않는다면 교육을 받은 후에라도 조금도 나아지지 않을 것입니다.

Other men say, "I will work my way up." That is not God's way, and the only way is God's way - to be born again. Heaven is a prepared place for a prepared people. You take an unregenerated man in Chicago and put him on the crystal pavements of Heaven, and it would be hell! A man that can't hear to spend one Sunday among God's people on earth, what is he going to do among those who have made their robes white in the blood of the Lamb? He would say that was hell for him. Take the unregenerated man and put him

11. On Being Born again (John 3:3)
거듭남에 관하여 (요한복음 3:3)

into the very shadow of the Tree of Life, and he wouldn't want to sit there.

어떤 사람은 "저는 제 방법으로 해낼 것입니다"라고 말합니다. 이것은 하나님의 방법이 아닙니다. 유일한 방법은 하나님의 방법인데, 그것은 거듭나는 것입니다. 천국은 준비된 사람들을 위해 마련된 장소입니다. 시카고에 사는 거듭나지 않은 사람을 데려다가 천국의 수정도로 위에 둔다면 그것은 지옥일 것입니다. 세상에서 하나님의 백성들과 함께 주일에 한 번도 말씀을 들을 수 없었던 사람이 어린 양의 피로 하얗게 씻은 옷을 입고 있는 사람들 가운데에서 무엇을 할 수 있다는 말입니까? 그는 그들 가운데 있는 것이 자신에게는 지옥일 것이라고 말할 것입니다. 중생하지 않는 사람을 생명의 나무 그늘에 있게 해보십시오. 그는 앉아 있기를 원치 않을 것입니다.

A man who is born of the Spirit becomes a citizen of another world. He has been translated into new life, taken out of the power of darkness, and translated into the Kingdom of Light. Haven't you seen all around you men who had become suddenly and entirely changed?

성령으로 태어난 사람은 다른 세계의 시민입니다. 그는 어두움의 세력에서부터 새 생명으로 옮겨졌습니다. 빛의 왕국으로 옮겨졌습니다. 여러분 가운데 갑작스럽게 완전히 변화된 사람들을 주위에서 본 적이 없습니까?

Just draw a picture: Suppose we go down into one of these alleys-and I have been into some pretty dark holes down here in this alley that used to lie back of Madison Street, and I have seen some pretty wretched homes. Go to one of those rooms, and you find a wife with her four or five children. The woman is heart-broken. She is discouraged. When she married that man he swore to protect, love, and care for her, and provide for all her wants. He made good promises and kept them, for a few years, and did love her.

그림을 그려 봅시다. 우리가 한 골목길을 내려간다고 상상해 봅시다. 나는 이 골목길에 있는 어두운 구멍으로 빠져나와 메디슨 가의 뒷골목으로 빠져나갔다고 합시다. 몇몇의 불쌍한 집을 보았다고 합시다. 한 가정에 들어가 보니 부인과 네다섯 명의 자녀들이 보입니다. 그 부인은 비통에 잠겨있고 낙망하고 있습니다. 그 부인이 결혼할 때 남편은 그녀에게 보호하고, 사랑하고, 돌보고, 필요한 것을 준비해 주겠다고 맹세했습니다. 그는 약속하고 나서 여러 해 동안을 지켰으며, 그녀를 사랑했습니다.

But he got led away into one of these drinking saloons. He was a noble-hearted man by nature. He has now become a confirmed drunkard. His children can tell by his footfall that he comes home drunk. They look upon him as a monster. The wife has many a scar on her body that she has received from that man's arm who swore to love and protect her. Instead of being a kind-hearted husband, he

11. On Being Born again (John 3:3)
거듭남에 관하여 (요한복음 3:3)

has become a demon. He don't provide for that poor woman. What a struggle there is! And may God have mercy upon the poor drunkard and his family is my prayer constantly!

그런데 그가 선술집에 빠지게 되었습니다. 원래 고상한 성격의 소유자였지만 지금은 술주정뱅이가 되었습니다. 그의 자녀들은 발소리만 듣고도 아버지가 술에 취해서 집으로 오는 것을 알아차릴 정도였습니다. 자녀들은 아버지가 괴물처럼 보였습니다. 아내는 구타로 온 몸에 멍들었는데, 사랑하고 보호하겠다고 맹세한 남편에게서 상처를 받았습니다. 그는 자상한 남편이 되기는커녕 마귀가 되었습니다. 불쌍한 부인에게 필요한 것을 채워주지 않았습니다. 얼마나 몸부림치는 일인지요! '하나님께서 그 불쌍한 술주정뱅이와 가족들에게 긍휼을 베풀어 주옵소서' 하는 기도가 나의 계속적인 기도입니다!

Suppose he is here in that gallery up there, or in the dark back there, and you can't see him. May be he is so ashamed of himself that he has got behind a post. He hears that he may be regenerated; that God will take away the love of strong drink, and snap the fetters that have been binding him, and make him a free man, and he says, "By the grace of God I will ask Him to give me a new heart."

그가 여기 앞에 있는 교회 특별석이나 어두운 뒤쪽 좌석에 앉아 있다고 상상해 봅시다. 여러분들은 그를 볼 수 없습니다. 아마도 자신이 부끄러워 기둥 뒤에 앉았을 것입니다. 그는 거듭나야 한다는 말씀을 듣습니다. 하나님이 술을 사랑하는 마음을 없애버리시고 그를 묶고 있는 족쇄를 끊어버리시고 자유인으로 만드실 것이라는 말씀을 듣습니다. 그는 "하나님의 은혜로 내게 새 마음을 달라고 하나님께 구해야지"라고 말합니다.

And he says, "O God, save me!" Then he goes home. His wife says, "I never saw my husband look so happy for years. What has come over him?" He says, "I have been up there to hear these strangers. I heard Mr. Sankey singing 'Jesus of Nazareth pass by,' and it touched my heart. The sermon about being born again touched my heart, and, wife, I just prayed right there, and asked God to give me a new heart, and I believe He has done it. Come, wife, pray with me!" And there they kneel down and erect the family altar.

그는 "오, 하나님 저를 살려 주세요"라고 말합니다. 그리고 난 후에 집으로 갑니다. 그의 아내는 "제 남편이 저렇게 기뻐하는 것을 수년 동안 본 적이 없습니다. 무슨 일이 그에게 일어났습니까?"라고 말합니다. 그는 말합니다. "나는 이 나그네들의 말씀을 들으러 거기에 갔었는데, 쌩키의 '나사렛 예수가 지나가심'이란 찬양을 듣고 마음이 감동되었고, 거듭남에 대한 설교가 마음에 감동을 주었소. 여보, 나는 교회에서 기도했소. 그리고 하나님께 새 마음을 달라고 구했소. 그리고 하나님께서 그렇게 하신 것을 믿었소. 여보, 이리 와서 함께 기도합시다." 그리고 거기서 부부는 무릎을 꿇고 가정 제단을 쌓았습니다.

11. On Being Born again (John 3:3)
거듭남에 관하여 (요한복음 3:3)

Three months hence you go to that home, and what do you find? All is changed. He is singing 'Rock of Ages, cleft for me,' or that other hymn his mother once taught him, 'There is a fountain filled with blood.' His children have their arms upon his neck. That is Heaven upon earth, The Lord God dwells there.

삼 개월 후에 당신은 그 집에 가서 무엇을 봅니까? 모든 것이 변했습니다. 그는 '만세반석 열리니' 라는 찬송을 부르고 있으며, 그의 어머니가 예전에 가르쳐 주신 '샘물과 같은 보혈은' 이라는 찬송을 부르고 있습니다. 자녀들은 아버지 목에 매달리고 있습니다. 이것이야 말로 지상천국입니다. 주 하나님이 그 가정에 머물러 계십니다.

That man is passed from death unto life. That is the conversion we are aiming at. The man is made better, and that is what God does when a man has the spirit of Heaven upon him. He regenerates them, re-creates them in His own image. Let us pray that every man here who has the love of strong drink may be converted. Unite in prayer with me now and ask God to save these men that are rushing on to death and ruin.

그 사람은 죽음에서 생명으로 옮겨졌습니다. 이것이 우리가 추구하는 회심입니다. 그 사람은 전보다 더 좋아졌습니다. 이것은 하나님께서 하신 일이며, 하늘의 영이 사람에게 임할 때 이루어집니다. 하나님은 사람을 중생케 하시고, 그의 형상대로 재창조하십니다. 술을 사랑하는 사람 모두 회심하기를 기도합시다. 지금 나와 함께 합심하여 기도하기를 바라며, 죽음과 멸망으로 달려가는 사람들을 구원해 달라고 하나님께 간구합시다.

## 11. On Being Born again (John 3:3)
거듭남에 관하여 (요한복음 3:3)

## 12. The Most Wonderful Sentence Ever Written (John 3:16)
지금까지 쓰여진 가장 놀라운 말씀 (요한복음 3:16)

**Reuben Archer Torrey** | 루벤 아처 토레이

루벤 아처 토레이(AD 1856-1928) 목사는 뉴저지 주에서 태어났으며 예일 대학에서 수학했다. 회중 교회에서 목회하면서 미니아폴리스와 미네소타에서 도시선교회 회장으로 수년 간 봉사한 후, D. L. 무디 부흥사와 함께 일하다가 시카고에 있는 무디성서신학교 교장으로 재직했다. 이 기간 동안 토리는 미국과 유럽, 영국, 호주, 뉴질랜드, 중국, 일본, 인도와 캐나다 등을 다니며 설교했다. 그는 성서신학, 부흥, 기독교 교육에 관해 많은 책을 저술했다. 그의 아들은 중국에서 선교사로 지냈으며, 그의 손자는 한국에서 예수원을 설립하고 한국 교회의 영성 신앙에 지대한 영향을 끼친 대천덕 신부이다.

My text is the "The Most Wonderful Sentence That Was Ever Written." Of course that sentence is in the Bible. All the greatest sentences that were ever written are found in one book, God's Word, the Bible. The Bible is a book that abounds in illuminating, stirring, startling, marvelous, bewildering, amazing, and life-transforming utterances, utterances with which there is absolutely nothing to compare in all the other literature of the world. But I am inclined to think that the one we are to consider tonight is the most remarkable of them all.

내 설교 제목은 "지금까지 쓰여진 가장 놀라운 말씀"입니다. 물론 이 말씀은 성경에 있습니다. 지금까지 쓰여진 가장 놀라운 말씀들은 책 한 권, 즉 하나님의 말씀인 성경 안에서 발견됩니다. 성경은 우리를 조명하고, 자극하고, 놀라게 하고, 놀랍고, 당황케 하고, 놀랄 만하고, 인생을 변화시키는 말씀—세상의 모든 문학과 도저히 비교할 수 없는 말씀—으로 가득 찬 책입니다. 그러나 오늘 저녁 우리가 생각할 말씀은 말씀 중에 가장 놀라운 말씀이라고 생각합니다.

The sentence is found in John 3:16, "For God so loved the world, that he gave his only begotten Son, that whosoever believeth in him should not perish, but have everlasting life." There are whole volumes of incomparably precious truth packed into that one sentence. Indeed many volumes have been devoted to the exposition of that one verse, but it is not exhausted yet and never will be.

그 말씀은 요한복음 3장 16절입니다. "하나님이 세상을 이처럼 사랑하사 독생자를 주셨으니 이는 저를 믿는 자마다 멸망치 않고 영생을 얻게 하려 하심이니라." 이 한 구절의 말씀 안에는 비교할 수 없이 귀한 수많은 진리가 담겨 있습니다. 참으로 많은 책들이 이 한 절을 설명하기 위해 쓰여졌지만, 아직 다 쓴 것이 아니며 결코 다 쓸 수 없을 것입니다.

These marvelous words of God never become hackneyed or wornout or wearisome. We are always beholding new beauty and new glory in them. When all the millions of volumes that men have written in many languages throughout the many centuries of literary history have become obsolete and are forgotten, that imperishable sentence shall shine out in its matchless beauty and peerless glory throughout the endless ages of eternity.

이 놀라운 하나님의 말씀은 결코 진부하지 않으며, 낡지 않으며, 지루하지 않습니다. 우리는 항상 말씀 안에서 새로운 아름다움과 새로운 영광을 바라봅니다. 사람들이 수세기의 문학 역사를 통해 많은 언어로 쓴 수백만 권의 책들이 역사의 뒤로 사라지고 기억에서 잊혀질 때, 이 영구 불멸의 말씀은 영원토록 비길 수 없는 아름다움과도 비할 수 없는 영광으로 빛날 것입니다.

First of all, this verse from God's Word tells us what God's attitude is toward the world. What is God's attitude toward the world? Love. The sentence reads, "God so loved the world." Love is the most wonderful thing in the world, and love is one of the most uncommon things in the world.

우선, 이 구절은 세상을 향한 하나님의 태도가 무엇인지를 말해 줍니다. 세상을 향한 하나님의 태도는 무엇입니까? 사랑입니다. 본문은 "하나님이 세상을 이처럼 사랑하사"라고 말합니다. 사랑은 이 세상에서 가장 위대한 것이며, 가장 특별한 것 중의 하나입니다.

There is in the world today much that is called "love," but most of that which is called love is not love at all. We speak oftentimes of a young man's "love" for a young woman, and all we mean by it is that this young man wishes to get that young woman for his own pleasure and gratification. That is not love at all; it oftentimes has not the slightest semblance of love. It is oftentimes utter selfishness and not infrequently the vilest and most unbridled lust.

오늘날 세상에서 사랑이라고 불리는 것이 많지만 사랑이라고 불리는 것의 대부분은 전혀 사랑이 아닙니다. 우리는 종종 젊은 여자를 위한 젊은 남자의 사랑이라고 말합니다. 우리가 말하는 뜻은 젊은 남자는 자기의 쾌락과 희열을 위해 젊은 여자를 원한다는 것입니다. 그것은 전혀 사랑이 아닙니다. 그것은 종종 사랑이라는 말에 근처도 가지 못합니다. 그것은 종종 철저한 이기주의이며, 빈번하게 다가오는 가장 악의적이고 가장 고삐 풀린 정욕입니다.

He looked down upon this world, the whole mass of men living at any time upon it and that should live upon it in all times to come, and He loved them all. His whole being went out in infinite yearning to benefit and bless the world. Any cost to Himself would be disregarded if it would bless the world to pay the cost. "God so loved the world that He gave His only begotten Son." Oh, men and women, stand and wonder! Oh, angels and archangel, cherubim and seraphim, stand and wonder! "God so loved the world that He gave His only begotten Son."

하나님은 이 세상을 내려다 보셨으며, 어떤 시대에 살았든 모든 인간들을 내려다 보셨습니다. 그리고 앞으로 이 세상 살아갈 인간들을 내려다 보셨습니다. 하나님은 그들 모두를 사랑했습니다. 세상에 유익을 주고 세상을 축복하기 위해 그의 존재를 무한한 열망으로 나타내셨습니다. 그 대가가 세상에 복이 된다면 어떤 대가도 개의치 않으셨습니다. "하나님이 세상을 이처럼 사랑하사 독생자를 주셨으니." 오, 남녀 여러분! 일어서서 경외하십시오! 오, 천사들과 천사장들, 체루빔과 세라빔, 일어서서 경외하십시오! "하나님이 세상을 이처럼 사랑하사 독생자를 주셨으니."

God loves the world. There are men and women and children in

12. The Most Wonderful Sentence Ever Written (John 3:16)
지금까지 쓰여진 가장 놀라운 말씀 (요한복음 3:16)

this world whom you and I love, but God loves the whole world. There is not a man in it, not a woman in it, not a child in it whom God does not love. From the intellectually most rarely gifted and morally most saintly man and woman down to the most apelike and ignorant and the morally most degraded and brutelike man or woman, God loves each and everyone.

하나님은 세상을 사랑하십니다. 이 세상에 여러분과 내가 사랑하는 남자와 여자와 아이들이 있지만, 하나님은 세상 전체를 사랑하십니다. 세상에는 하나님이 사랑하지 않는 남자가 없으며, 여자도 없으며, 아이도 없습니다. 지적으로 가장 드물게 재능 있는 사람으로부터, 도덕적으로 가장 거룩한 남자와 여자로부터, 가장 짐승 같이 무식한 남자와 여자 그리고 도덕적으로 가장 타락하고 잔인한 남자와 여자에게까지, 하나님은 각자 그리고 모두를 사랑하십니다.

There are hundreds and hundreds of people who gather in this church about whom you care absolutely nothing. You never saw them before; you will never see them again. If you should read in your paper tomorrow morning, "John Jones, who was at the Church of the Open Door, as he was going home from the meeting, got in front of a Sixth Street car and was instantly killed," you would hardly give it a second thought. John Jones is nothing to you. But John Jones is something to God. God loves John Jones.

이 교회에 수백 명의 사람들이 모여 있지만 여러분은 그들을 전혀 사랑하지 않습니다. 여러분은 그들을 전에 본 적이 없습니다. 여러분은 그들을 다시 보지 않을 수도 있을 것입니다. 만일 여러분이 내일 아침 신문에서 "존 존스는 오픈도어 교회에 참석했다가 예배 후 귀가 중 6번가 전차에 치여 즉사했음"이란 기사를 읽는다면, 여러분은 그 기사를 두 번 생각하지 않을 것입니다. 존 존스는 여러분에게 아무 존재도 아니기 때문입니다. 그러나 존 존스는 하나님에게 특별한 사람입니다. 하나님은 존 존스를 사랑합니다.

There is not a man whom God does not love. There is not a woman whom God does not love. There is not thief whom God does not love. There is not an adulterer whom God does not love, not a sinner, not an outcast, not a criminal of any kind whom God does not love. "God so loved the world."

하나님이 사랑하지 않는 남자는 없습니다. 하나님이 사랑하지 않는 여자는 없습니다. 하나님이 사랑하지 않는 도둑은 없습니다. 하나님이 사랑하지 않는 간음자는 없습니다. 하나님이 사랑하지 않는 죄인, 쫓겨난 자, 범죄자는 없습니다. "하나님이 세상을 너무나 사랑하십니다."

But what is God's attitude toward sin? Our text tells us, God's attitude toward sin is hate. God loves the world with infinite love, God hates sin with infinite hate. How does our text show that? Listen. "God so loved the world, that he gave his only begotten Son,

12. The Most Wonderful Sentence Ever Written (John 3:16)
지금까지 쓰여진 가장 놀라운 말씀 (요한복음 3:16)

that whosoever believed in him should not perish, but have everlasting life." How does that show that God hates sin? If God had not hated sin He could have saved the world he loved without the death and agony of His only begotten Son.

그러나 죄에 대한 하나님의 태도는 무엇입니까? 본문은 우리에게 죄에 대한 하나님의 태도는 증오라고 말씀하십니다. 하나님은 무한한 사랑으로 세상을 사랑하십니다. 하나님은 무한한 증오로 죄를 증오하십니다. 본문은 그것을 어떻게 보여주고 있습니까? 들어보십시오. "하나님이 세상을 이처럼 사랑하사 독생자를 주셨으니 이는 저를 믿는 자마다 멸망치 않고 영생을 얻게 하심이니라." 하나님이 죄를 증오하시는 것을 본문은 어떻게 보여주고 있습니까? 만일 하나님이 죄를 증오하지 않았다면 그가 사랑하는 세상을 독생자의 죽음과 고뇌 없이 세상을 구원했을 것입니다.

Because God was holy and therefore hated sin, hated it with infinite hatred, His hatred of sin must manifest itself somehow, either in the punishment of the sinner-and the banishment of the sinner forever from Himself from life, and from hope-or in some other way. But God's love would not permit the just punishment of the sinner.

하나님은 거룩하시기 때문에 죄를 증오하셨고, 무한한 증오로 죄를 미워하셨습니다. 죄에 대한 하나님의 증오는 죄인을 형벌하시든지-죄인을 하나님과 생명과 소망으로부터 영원히 추방하시든지- 혹은 다른 방법으로 나타내셔야 했습니다. 그러나 하나님의 사랑은 죄인에게 형벌을 내리는 것을 허락하지 않으셨습니다.

So God in the person of His Son took the penalty of sin upon Himself and thus saved the world He loved. "All we like sheep have gone astray; we have turned everyone to his own way; and Jehovah hath made to strike on him the iniquity of us all"(Isa. 53:6). In this way God made possible the salvation that He Himself purchased for men by the atoning death of His only begotten Son.

그래서 하나님은 그의 아들 가운데 죄의 형벌을 그 위에 놓으시고 그가 사랑하신 세상을 구원하셨습니다. "우리는 다 양 같아서 그릇 행하여 각기 제 길로 갔거늘 여호와께서는 우리 무리의 죄악을 그에게 담당시키셨도다"(사 53:6). 이와 같은 방법으로 하나님은 그의 독생자의 구속적인 죽음으로 인해 인간을 값 주고 사셨으므로 구원을 가능케 하셨습니다.

The cross of Christ declares two things: first, God's infinite love of the world; second, God's infinite hatred of sin. Oh, wicked man, do not fancy that because God loves you He will wink at your sin. Not for one moment.

그리스도의 십자가는 두 가지를 선언하고 있습니다. 첫째로 하나님이 이 세상을 무한히 사랑하신다는 사실과, 둘째로 하나님은 죄를 무한히 증오하신다는 사실입니다. 오, 악한 사람이여! 하나님이 당신을 사랑하기 때문에 당신의 죄를 모른 척 하실 것이라고 생각하지 마십시오. 한순간도 그렇게 생각하지 마십시오.

He hates your sin, He hates your greed, He hates your selfishness, He hates your lying, He hates your drunkenness, He hates your impure imagination, He hates your moral uncleanness, He hates your beastliness, He hates every sin, great and small, of which you are guilty.

그는 당신의 죄를 증오하십니다. 그는 당신의 탐욕을 증오하십니다. 그는 당신의 이기주의를 증오하십니다. 그는 당신의 거짓을 증오하십니다. 그는 당신의 술 취함을 증오하십니다. 그는 당신의 더러운 상상을 증오하십니다. 그는 당신의 도덕적 불결을 증오하십니다. 그는 당신의 추악함을 증오하십니다. 그는 크든지 작든지 당신이 가책을 느끼는 모든 죄에 대해 증오하십니다.

The hatred of a true man for all falsehood, the hatred of honest men for all dishonesty, the hatred of a true, pure woman for unspeakable vileness of the woman of the street and gutter is nothing to the blazing wrath of God at your smallest sin. Nevertheless, God loves you.

진실한 사람을 거짓되다고 증오하는 것, 정직한 사람을 부정직하다고 증오하는 것, 진실 되고 정숙한 여인을 입에 담지 못할 악의로 가득한 거리의 여자나 하류계의 여자로 증오하는 것은 조그만 죄에도 불타오르는 하나님의 진노 앞에서 사라져 없어질 것입니다. 그럼에도 불구하고 하나님은 당신을 사랑하십니다.

Now let us look at another thing: what the sentence teaches about God's attitude toward believers in the Lord Jesus Christ. What is God's attitude all who believe in Jesus Christ? It can be put in a few words. God's attitude toward all believers in Jesus Christ is to give them eternal life. "God so loved the world, that he gave his only begotten Son, that whosoever believeth in him should not perish, but have everlasting life."

자, 다른 주제를 봅시다. 주 예수 그리스도를 믿는 자들을 향한 하나님의 태도에 대해 본문은 무엇을 가르치는지 알아봅시다. 예수 그리스도를 믿는 자들에게 행한 하나님의 태도는 무엇입니까? 몇 마디로 말할 수 있습니다. 예수 그리스도를 믿는 모든 자들에게 행한 하나님의 태도는 그들에게 영생을 주신다는 것입니다. "하나님이 세상을 이처럼 사랑하사 독생자를 주셨으니 이는 저를 믿는 자마다 멸망치 않고 영생을 얻게 하려 하심이니라."

The death of Jesus Christ has opened for all who believe in Him a way of pardon and made it possible for a holy God to forgive sin and to give eternal life to the vilest sinner if only he will believe in Jesus Christ.

예수 그리스도의 죽음은 그를 믿는 모든 사람들을 위해 사죄의 길을 열었으며, 거룩하신 하나님께서는 가장 악한 자라도 예수 그리스도를 믿기만 하면 죄를 용서할 수 있으며 영생을 주실 수 있습니다.

"The wages of sin is death"(Rom. 6:23), and these wages must be paid; but Jesus Christ paid the price, so life and not death is possible for you and me-"the gift of God is eternal life through Christ Jesus our Lord"(Rom. 6:23). Whosoever believes on Jesus Chris, can have eternal life, yes, does have eternal life. Anyone can have eternal life. There is but one condition-just believe on Jesus Christ.

"죄의 삯은 사망이요"(롬 6:23). 이 삯이 지불되어야 합니다. 그러나 예수 그리스도께서 그 대가를 지불하셔서 죽음이 아닌 생명이 여러분과 나에게 가능하게 되었습니다. "하나님의 은사는 그리스도 예수 우리 주를 통한 영생이니라"(롬 6:23). 예수 그리스도를 믿는 자마다 영생을 얻을 수 있습니다. 예, 영생을 얻습니다. 어떤 누구라도 영생을 얻을 수 있습니다. 그러나 한 가지 조건이 있습니다. 예수 그리스도를 믿어야 합니다.

But there is something to be gained by believing on Him, something of infinite worth-eternal life. Do you wish eternal life?

You can have it. Anyone can have it, no matter what his past may have been.

그러나 그를 믿음으로 얻는 어떤 것, 즉 무한히 가치 있는 어떤 것이 있습니다. 그것은 영생입니다. 여러분은 영생을 원하십니까? 영생을 얻을 수 있습니다. 과거에 어떠했든지 간에 어떤 이도 구원을 얻을 수 있습니다.

Oh, if I offered you great honor it would be nothing compared with this. If I offered you enormous wealth it would be nothing compared with this. If I offered you exemption from all sickness and pain it would be nothing compared with this. Eternal life! That is what God offers. And God offers it to each one of you.

오, 내가 여러분에게 큰 명예를 드릴지라도 영생과 비교할 수는 없을 것입니다. 내가 여러분에게 엄청난 재물을 드릴지라도 영생과 비교할 수는 없을 것입니다. 내가 여러분에게 모든 질병과 고통을 면죄해 줄지라도 영생과 비교할 수 없을 것입니다. 영생! 그것은 하나님이 주시는 것입니다. 하나님은 여러분 각자에게 영생을 주십니다.

There is just one thing left to mention, and that is God's attitude toward all those who will not believe on Jesus Christ. What is it? Listen. "For God so loved the world, that he gave his only begotten Son, that whosoever believeth in him should not perish, but have everlasting life."

한 가지 언급할 것이 남아 있습니다. 그것은 예수 그리스도를 믿지 않는 사람을 향한 하나님의 태도입니다. 그것이 무엇일까요? 들어보십시오. "하나님이 세상을 이처럼 사랑하사 독생자를 주셨으니 이는 저를 믿는 자마다 멸망치 않고 영생을 얻게 하려 하심이니라."

God's attitude toward those who will not believe in Jesus Christ, those who prefer sin and vanity and pride to the glorious Son of God, is simply this: God with great grief and reluctance withdraws from them the infinite gift He has purchased at so great cost and which they will not accept. God leaves them to perish.

예수 그리스도를 믿지 않을 사람들, 영광스러운 하나님의 아들보다 죄와, 허무함과, 교만을 더 좋아하는 사람들에 대한 하나님의 태도는 단지 이렇습니다. 하나님은 커다란 슬픔으로 본의 아니게 그가 매우 큰 대가로 사신 무한한 선물을 그들로부터 거두어 가십니다. 그래서 그들은 받을 수 없게 됩니다. 하나님은 그들이 망하도록 내버려 두십니다.

There is no hope for any man who rejects God's gift of eternal life, obtained by simply believing in His only begotten Son. God has exhausted all the possibilities of a saving love and power in Jesus Christ's atonement on the cross of Calvary. Reject Him, neglect to accept Him, and you must eternally perish.

그의 독생자를 믿음으로 얻게 된 하나님의 영생의 선물을 거절한 사람에게는 소망이 없습니다. 하나님은 갈보리 십자가에서 이루신 예수 그리스도의 속죄 가운데 구원의 사랑과 능력의 모든 가능성을 다 쏟아 부으셨습니다. 그를 거절한다면, 그를 영접하기를 무시한다면, 당신은 영원히 망할 것임에 틀림없습니다.

12. The Most Wonderful Sentence Ever Written (John 3:16)
지금까지 쓰여진 가장 놀라운 말씀 (요한복음 3:16)

## 13. Food for a Hungry World (Matthew 14:16)
### 굶주린 세상을 위한 양식 (마태복음 14:16)

**Billy Sunday** | 빌리 선데이

빌리 선데이(AD 1862-1935) 목사는 아이오와주 에미스에서 태어나 수년 간 고아원에서, 그리고 그 후에는 농장에서 자랐다. 고등학교 졸업 후 여러 직업을 전전하다가 프로야구 선수가 되어 시카고 팀의 내셔널리그에서 활약했다. 그는 1887년 구원을 확신을 깨달아 야구 선수 생활을 그만두고 시카고에 있는 YMCA에서 일했다. 그 후 채프먼 부흥사를 조력하다가 1897년 독자적으로 부흥회를 인도하기 시작했다. 선데이는 설교 중에 현대인의 속어를 자주 사용했으며, 그의 설교는 극적인 스타일로 알려졌다. 선데이는 자유주의 신앙에 반대하며 근본주의 신앙을 설파했다.

Some folks do not believe in miracles. I do. A denial of miracles is a denial of the virgin birth of Jesus. The Christian religion stands or falls on the virgin birth of Christ. God created Adam and Eve without human agencies.

어떤 사람들은 기적을 믿지 않습니다. 나는 믿습니다. 기적을 부인하는 것은 예수님의 처녀 탄생을 부인하는 것입니다. 기독교 신앙의 존폐는 그리스도의 처녀 탄생에 달려 있습니다. 하나님은 아담과 이브를 인간의 도움 없이 창조하셨습니다.

I read of a preacher who said that the miracles of the Bible were more of a hindrance than a help. Then he proceeded to spout his insane blasphemy. He imagined Jesus talking to the five thousand and like many speakers overrunning his time limit.

성경의 기적들은 도움이 되기보다 장애가 된다고 말하는 한 설교자의 글을 읽어 보았습니다. 그는 제 정신이 아닐 정도로 신성모독을 거침없이 말하기 시작했습니다. 그는 오천 명에게 말씀하시는 예수님을 마치 자신들의 시간 제한을 초과하는 강사처럼 상상했습니다.

The disciples, seeing night coming said: "Master, you have talked this crowd out of their supper and there is nothing to eat in this desert place; dismiss them so they can go into the towns and country and get food." He imagined Jesus saying: "We have some lunch, haven't we?" "Yes, but not enough to feed this crowd." "Well, let's divide it up and see." So, Jesus proceeds to divide his lunch with hungry crowd.

제자들은 밤이 오는 것을 보고 "주님, 당신은 저들이 저녁을 거르기까지 말씀하셨습니다. 이 광야에는 먹을 것이 없습니다. 그들을 해산시켜 마을과 시골로 가서 음식을 먹게 하십시오." 그는 "우리에게 점심밥이 있지 않은가?"라고 말씀하시는 예수님을 상상했습니다. "예, 그렇지만 이 군중을 먹이기에는 충분하지 않은걸요." "자, 점심밥을 나누어 보자." 그러면서 예수님은 배고픈 군중에게 그의 점심을 나누어 주기 시작합니다.

An old Jew, seeing Jesus busy, asked, "What's he doing?" "Dividing his lunch." "Huh," grunts this old knocker, "he is the first preacher I've ever seen who practices what he preaches." Shamed by the example of Jesus, this old tightwad brought out his lunch basket and began to divide.

한 유대 노인은 예수님이 바쁘신 것을 보고, "저 분은 무얼 하시는 중이신가?"라고 물었습니다. "점심을 나누시다니." "허참, 저 분은 자신이 설교하는 것을 실전하는 첫번째 설교자일 거야"라고 이 늙은 혹평가가 불평하듯이 말합니다. 예수께서의 본을 보이시는 모습에 자신이 부끄러워 구두쇠 노인은 자기 점심 바구니를 가지고 나누기 시작했습니다.

13. Food for a Hungry World (Matthew 14:16)
굶주린 세상을 위한 양식 (마태복음 14:16)

Others caught the spirit and followed suit and in this way the five thousand were fed. This heretic of a so-called preacher thought such an occurrence more reasonable than the Bible account. Every attempt to explain the miracles by natural laws gets the explainer into great difficulty and shows him up as ridiculous.

다른 사람들도 그 정신에 감동되어 따라했으며, 이런 식으로 오천 명이 먹게 되었습니다. 소위 설교자라고 하는 이 이단자는 성경 이야기보다 더 논리적으로 이 사건을 생각했습니다. 자연 법칙으로 기적을 설명하는 모든 시도는 설명하는 자를 더 어려움에 빠지게 하며 우스꽝스럽게 보이게 합니다.

I wish to draw some practical lessons from this miracle of Jesus feeding the five thousand. The world is hungry. Jesus stood face to face with the problem of physical hunger just as we in our day face to the problem of hunger, not only physical but spiritual. If one were to believe all the magnificent articles in current and religious literature, one would think the world is disgusted and indifferent to the religion of Jesus Christ.

나는 오천 명을 먹이신 예수님의 기적을 통하여 실제적인 교훈들을 얻기 원합니다. 세상은 굶주려 있습니다. 우리가 오늘날 영육간의 굶주림에 관한 문제에 직면하고 있는 것처럼 예수님도 육적인 굶주림의 문제에 대면하고 있었습니다. 만일 시사 잡지와 종교 학술지에 쓰여 있는 훌륭한 기사들을 모두 믿는다면 세상은 예수님의 종교에 혐오감과 무관심을 나타낼 것입니다.

I believe exactly the opposite is true. In no century since the morning stars sang together has there been more real hunger for genuine religion than this. And yet, many a preacher, instead of trying to feed this spiritual hunger, is giving some book review, or talking evolution. The world is not disgusted with religion, but is disgusted with the worldliness, rituals, ceremonies and non-essentials in which we have lost religions.

나는 정반대가 진실이라고 믿습니다. 창조 이후로 이 시대보다 참된 신앙심에 굶주린 시대는 없었습니다. 그렇지만 많은 설교자들은 영적 굶주림에 채워 주기 위해 노력하는 대신, 책 비평을 하거나 목성의 소유권을 주장하거나 진화론을 이야기합니다. 세상은 종교에 혐오하는 것이 아니라 세속, 의식, 의례, 중요하지 않은 것들에 혐오하는 것이며, 우리는 이런 가운데 종교를 잃어버렸습니다.

There are some kinds of religion the world is not hungry for. A religion of formal observances. In Isaiah, first chapter, the Lord says: "To what purpose is the multitude of your sacrifices? I am full of the burnt offerings of rams and the fat of fed beasts. Incense is an abomination unto me; your new moons and your appointed feasts my

13. Food for a Hungry World (Matthew 14:16)
굶주린 세상을 위한 양식 (마태복음 14:16)

soul hate. When you make prayers, I will not hear them. Your hands are full of blood. Put away the evil of your doings; cease to do evil. Learn to do well."

세상이 갈망하지 않는 몇몇의 종교가 있습니다. 형식적인 행사에 몰입하는 종교 말입니다. 이사야 1장에서 여호와께서 말씀하시되, "너희에 무수한 제물이 내게 무엇이 유익하뇨 나는 수양의 번제와 살찐 짐승의 기름에 배불렀고 분향은 나의 가증히 여기는 바요, 월삭과 안식일과 대회로 모이는 것도 그러하니 너희가 많이 기도할지라도 내가 듣지 아니하리니 이는 너희의 손에 피가 가득함이니라 너희의 악업을 버리고 악행을 그치고 선행을 배우라"라고 하셨습니다.

Their formalism didn't make a hit with the Lord. He saw through their smoke screen. Religion does not consist in doing a lot of special things, even if branded as religious, but in doing everything in a special way as the Lord directs. Whenever the church makes its observances and forms the end instead of the means to the end, the world will turn its back on it.

그들의 형식주의는 여호와의 호감을 얻지 못했습니다. 여호와는 연막을 통해 보았습니다. 종교는 비록 종교적인 강한 색채를 띤다 해도 특별한 일을 많이 하는 것에 달린 것이 아니라 모든 것을 그가 인도하시는 대로 특별한 방법으로 해야 합니다. 교회가 종교적 행사와 종교적 형식을 목적을 위한 수단 대신 목적으로 삼을 때마다 세상은 교회를 외면할 것입니다.

Praying is not an act of devotion reading the Bible is not an act of devotion going to church is not an act of devotion; these are aids to devotion. The actual religion lies not in prayer, reading the Bible, church attendance but in the quality of life which these observances create in you.

기도는 헌신의 행위가 아닙니다. 성경 읽기는 헌신의 행위가 아닙니다. 교회 출석은 헌신의 행위가 아닙니다. 이것들은 헌신에 도움은 됩니다. 진실된 신앙심은 기도, 성경 읽기, 교회 출석에 있는 것이 아니라 이것들을 지킴으로써 여러분 안에서 창조되는 삶의 질에 있는 것입니다.

If the doing of these things does not change your life, then it profits you nothing to have them done. Thousands forget religion and allow the forms of religion to take the place of religion. They are substituting religiousness for righteousness. Jesus alone can save the world.

이러한 종교적 행사가 여러분 안에서 창조하는 이런 종교적 행사가 여러분들의 삶을 변화시키지 못한다면 그것을 하는 것은 아무 유익을 주지 못합니다. 많은 사람들은 종교를 잊어버리고 종교의 형식을 종교의 자리로 바꾸었습니다. 종교적이라는 것을 의롭다는 것으로 대치시켰습니다. 예수님 홀

13. Food for a Hungry World (Matthew 14:16)
굶주린 세상을 위한 양식 (마태복음 14:16)

로 세상을 구원할 수 있습니다.

The world is not hungry for a religion of theory. There was a time when people were interested intensely in fine-spun theological theories. You could announce a debate on the forms of baptism and pack the house with the S.R.O. sign hanging out. That day has passed; a debate on baptism or predestination would not draw a corporal's guard.

세상은 이론의 종교를 갈망하지 않습니다. 사람이 지나치게 세밀한 신학적 이론들을 열렬하게 관심을 가질 때가 있었습니다. 세례 형식에 관한 논쟁을 한다고 알려 주면, 집에 '입석 외에는 만원'이라는 간판을 내걸 정도로 사람들이 꽉 찰 수 있었습니다. 그 시절은 지나갔습니다. 세례 혹은 예정에 대한 논쟁으로 이제 소수의 신봉자를 끌어낼 수 없을 것입니다.

The average man has not lost interest in the vital truths connected with these topics, but he has lost interest in the type of religion that spends its energy in argument, word battles, and wind jamming. Religion should relate to life and conduct as well as theory.

보통 사람은 이러한 제목과 관련된 주요한 진리에 관심을 잃었고, 논쟁과 단어 싸움 그리고 허풍으로 정력을 소비하는 종교적 양식에 관심을 잃었습니다. 종교는 인생과 행위 그리고 이론도 마찬가지로 관련되어야 합니다.

There has never been a time in my memory when religion has been so reduced to forms and rituals as today. In the mind of Jesus religion was not to build up the church, but the church was to build up religion. Religion was not the end but the means to the end.

종교가 오늘날처럼 이렇게 형식과 예식으로 축소된 때가 있었는지 내 기억 속에는 없습니다. 예수님의 마음에 종교는 교회를 짓는 것이 아니라 교회가 종교를 짓는 것입니다. 종교는 목적이 아니라 목적을 위한 수단입니다.

Jesus was so far removed from the formalism and traditions taught by the priests instead of reaching the commands of God that he was constantly at cross-purposes with them. A church of make-believers will soon beget a generation of non-believers.

제사장들이 하나님의 계명 대신 형식주의와 전통을 가르침으로 인해 예수님이 매우 멀리 떠나 있게 되었고, 그들과 항상 상치하게 되었습니다. 거짓말쟁이들이 모인 교회는 머지않아 비신자들의 세대를 생산할 것입니다.

The church in endeavoring to serve God and Mammon is growing cross-eyes, losing her power to know good from evil. Jesus dealt with fundamentals; his quietest talk had a torpedo effect on his hearers. Some sermons instead of being a bugle call to service are showers of spiritual cocaine.

하나님과 제물을 함께 섬기는 교회는 사팔뜨기로 자라서 선과 악을 아는 힘을 잊어버리게 됩니다. 예수님은 근본적인 문제를 다루셨습니다. 그의 조용한 이야기는 듣는 자에게 폭탄의 위력을 가졌습니다. 어떤 설교는 예배에 임하는 나팔소리이기보다는 영적 마취제를 퍼붓는 것입니다.

I believe the conflict between God and the Devil, right and wrong, was never hotter. The allurements of sin have never been more fascinating. I do not believe there ever was a time since Adam and Eve were turned out of Eden when traps and pitfalls were more numerous and dangerous than today.

하나님과 마귀, 옳고 그름 사이의 투쟁이 더 뜨거울 때가 없었다는 것을 압니다. 죄의 유혹은 더 매혹적이지 않습니다. 아담과 이브가 에덴동산을 나온 이후, 함정과 유혹이 오늘날보다 많고 위험한 때가 있었다고 믿지 않습니다.

The world is not hungry for a religion of social service without Christ. I will go with you in any and all movements for the good of humanity providing you give Jesus Christ his rightful place. You cannot bathe anybody into the kingdom of God. You cannot change their hearts by changing their sanitation.

세상은 그리스도 없이 사회봉사하는 종교를 갈망하지 않습니다. 만일 예수 그리스도를 올바른 위치에 놓는다면 나는 인류의 선을 위한 어떤 운동에도 당신과 함께 참여할 것입니다. 당신은 어떤 사람도 목욕시켜 천국에 들어가게 할 수 없습니다. 당신은 위생 설비를 바꾸므로 그들의 마음을 바꿀 수 없습니다.

It is an entirely good and Christian act to give a bath, bed and a job. It is a Christian act to maintain schools and universities, but the road of the into the kingdom of God is not by the bath tub, the university, social service, or gymnasium, but by the blood-red road of the cross of Jesus Christ.

목욕시키고, 잠재우고, 직업을 주는 것은 참으로 선한 그리스도인의 행위입니다. 여러 학교와 대학들을 유지시키는 것은 그리스도인의 행위이지만 천국 길은 목욕시키는 일, 대학, 사회봉사, 혹은 체육관을 통해 갈 수 없습니다. 오직 그리스도의 피 묻은 십자가의 길로만 갈 수 있습니다.

The Bible declares that human nature is radically bad and the power to uplift and change is external; that power is not in any man, woman or system, but by repentance and faith in the sacrificial death of Jesus Christ. The church is the one institution divinely authorized to feed the spiritual hunger of this old sin-cursed world.

13. Food for a Hungry World (Matthew 14:16)
굶주린 세상을 위한 양식 (마태복음 14:16)

성경은 선언하기를 인간성은 근본적으로 나쁘며, 향상시키고 변화시키는 힘은 외부에서 오는 것이라고 합니다. 그 힘은 어떤 남자나 여자나 혹은 체계 안에 있지 않고 회개하고 예수 그리스도의 희생적 죽음을 믿음으로 말미암아 역사합니다. 교회는 하나님께서 죄로 저주받은 이 세상의 영적 굶주림에 먹을 것을 주라고 위임하신 하나의 제도입니다.

You will notice that Jesus did not feed the multitude. He created the food and asked his disciples to distribute it. Jesus was the chef, not the waiter at this banquet. Jesus created salvation, the only food that will feed the spiritual hunger of the world; the task of distributing the food is in the hands of his human followers.

여러분은 예수님이 직접 군중을 먹이시지 않았음을 알 것입니다. 그는 음식을 만드셨고 제자들에게 나누어 주라고 요구했습니다. 예수님은 이 잔치에 시종 드는 자가 아니라 요리사이셨습니다. 예수님은 구원을 주셨고 세상의 영적 굶주림에 먹이실 유일한 양식을 만드셨습니다. 그 양식을 나누어 주는 업무는 그를 따르는 사람들의 손에 달려 있습니다.

People are dissatisfied with philosophy, science, new thought all these amount to nothing when you have a dead child in the house. These do not solace the trouble and woes of the world. They will tell you that when they were sick and the door of the future was opening in their face, the only comfort they could find was in the gospel of

Jesus Christ. Christianity is the only sympathetic religion that ever came into the world, for it is the only religion that ever came from God.

사람들은 철학, 과학, 새로운 사상에 만족해하지 않습니다. 죽은 아이가 집에 있을 때 이런 것들은 아무 소용이 없습니다. 이런 것들은 세상의 고통과 재난을 위로하지 못합니다. 사람들은 그들이 아팠을 때, 미래의 문이 그들 앞에 열렸을 때, 그들이 발견할 수 있었던 유일한 위로는 예수 그리스도의 복음 안에 있던 것이라고 당신에게 말할 것입니다. 기독교는 세상에서 유일한 동정적인 종교입니다. 왜냐하면 기독교는 하나님으로부터 온 유일한 종교이기 때문입니다.

Take your scientific consolation into a room where a mother has lost her child. Try your doctrine of the survival of the fittest with that broken hearted woman. Tell her that the child that died was not as fit to live as the one left alive. Where does that scientific junk lift the burden from her heart? Go to some dying man and tell him to pluck up courage for the future. Try your philosophy on him; tell him to be confident in the great to be and the everlasting what it is.

아이가 죽은 방에 가서 어머니에게 과학적인 위로를 해보십시오. 상심한 이 여인에게 적자생존의 교리를 시도해 보십시오. 그 어머니에게 죽은 아이는 살아남은 자처럼 살기에는 맞지 않다고 말해 보십시오. 그 과학적인 고

물로 그 여자의 마음속에 있는 짐을 어디에다 옮겨 놓겠습니까? 죽어가는 사람에게 가서 장래에 대한 용기를 포기하라고 말해 보십시오. 그 때에 그에게 당신의 철학을 시도해 보십시오. 존재의 위대함과 신분의 영원함에 자부심을 가지라고 말해 보십시오.

Go to the widow and tell her it was a geological necessity for her husband to croak. Tell her that in fifty million years we will all be scientific mummies on a shelf petrified specimens of an extinct race. What does all this stuff get her? After (all) you have gotten through with your science, philosophy, psychology, eugenics, social service, sociology, evolution, protoplasms, and fortuitous concurrence of atoms. I will take the Bible and read God's promise, and pray and her tears will be dried and her soul flooded with calmness like a California sunset.

과부에게 가서 남편의 죽음을 지질학적 필요성이라고 말해 보십시오. 오천만 년 후에는 우리 모두 선반 위에 놓인 과학용 미라-소멸된 인류의 석고화된 것-가 표본이 될 것이라고 말해 보십시오. 이런 것들이 무슨 소용이 있습니까? 당신이 과학, 철학, 심리학, 우생학, 사회봉사, 사회학, 진화론, 원형질 그리고 원자들의 우연한 동시발생 등의 학문들을 끝마쳤을지라도 말입니다. 나는 성경을 잡고 하나님의 약속을 읽고 기도할 것입니다. 과부의 눈물은 마를 것이며 그 영혼은 캘리포니아 석양처럼 평온함이 넘칠 것입니다.

Is the church drawing the hungry world to its tables? There is no dodging or blinking or pussy-footing the fact that in drawing the hungry world to her tables, the church is facing a crisis. That there is a chasm between the church and the masses no one denies.

교회가 굶주린 세상을 식탁으로 끌어 들이고 있습니까? 굶주린 세상을 식탁으로 끌어 들이는데 있어서 교회는 위기에 직면하고 있다는 사실을 피할 수 없으며, 간과할 수 없으며, 살며시 지나갈 수 없습니다. 교회와 백성 사이에 깊게 갈라진 틈이 있다는 것을 아무도 부인하지 않습니다.

Need the world turn to other tables than those of the church for spiritual food? Jesus said, "They need not depart; give ye them to eat." The church has the power and the food with which to feed the hungry world. It can feed the spiritual hunger of the world by doing what Jesus did when he fed the five thousand. By wise use of what it has on hand with the blessing of God upon it, what has the church on hand with which to feed the hungry world!

세상은 영적인 양식을 위해 교회 식탁 말고 다른 식탁으로 가야 할 필요가 있습니까? 예수님은 "그들은 떠날 필요가 없다, 그들에게 먹을 것을 주어라"고 말씀하십니다. 교회는 굶주린 세상을 먹일 수 있는 능력과 양식이 있고, 교회는 예수께서 오천 명을 먹이실 때 하셨던 것처럼 영적으로 굶주린 세상을 먹일 수 있다면 얼마나 좋겠습니까? 교회에 부워주신 하나님의 복

13. Food for a Hungry World (Matthew 14:16)
굶주린 세상을 위한 양식 (마태복음 14:16)

을 지혜롭게 사용하여, 그것으로 굶주린 세상을 먹일 수 있을 수 있다면 얼마나 좋겠습니까?

It has two things. A set of principles which if put into practice in the life of the individual and society and business and politics will solve every difficulty and problem of city, state, nation, and the world. There is no safer or saner method to settle all the world's problems than by the sermon on the mount. These principles are truth, justice, and purity. It has a person who has the power to create and make powerful these principles in the lives of men and women and that person is Jesus Christ, the Son of God.

교회는 두 가지를 갖고 있습니다. 우리가 개인, 사회, 사업, 정치의 생활 속에서 실천만 한다면, 도시, 주, 국가, 세계의 모든 어려움과 문제들이 해결될 수 있는 원리들이 있습니다. 전 세계의 문제들을 해결하는데 산상설교를 실천하는 것보다 더 안전하고 온건한 방법은 없습니다. 이 원리들은 진리, 정의, 청결입니다. 교회는 이 원리들을 남녀 삶 속에서 창조하고 강하게 할 능력이 있는 사람들입니다. 그 분은 예수 그리스도, 하나님의 아들이십니다.

Many skeptics have said, "Bill, if you will only preach the principles of Christianity instead of the Person, we will find no fault for you." Wherever a preacher or a church preaches a set of principles without the person Jesus Christ, that ministry, that church, becomes sterile and powerless. Truth is never powerful unless wrapped up in a person. I take truth and wrap it up in Christ and say, "Take it!" You say, "Give me truth but no Christ." Then you will be lost. Why take truth and reject Christ when it's Christ that inspires truth?

많은 회의론자들은 "빌, 그 분 대신에 기독교의 원리들을 설교한다면 당신은 잘못이 없습니다"라고 말했습니다. 설교자 혹은 교회가 예수 그리스도라는 그 분 없이 원리를 설교하는 곳마다 그 목회와 교회는 열매를 맺지 못할 것이며 무력해질 것입니다. 진리가 그 분을 감싸지 않으면 무력합니다. 나는 진리를 갖고 진리를 그리스도 안에 감싸고 "가져가라"고 말합니다. 당신은 "그리스도는 말고 진리만 달라"고 말합니다. 그러면 당신은 실패할 것입니다. 진리를 불어 넣어준 분이 그리스도이신데, 왜 진리는 취하고 그리스도는 거절합니까?

I take justice and wrap Christ up with it and say, "Here, take it." You say, "I will take justice. I deal squarely in business, pay my debts, five labor a square deal; I take justice but not your Christ." You are lost. Why take justice and cast Christ away when it is Christ that inspires justice?

나는 정의를 가져다가 거기에 그리스도를 감싸고 난 후, "여보시오, 가져 가시오."라고 말합니다. 당신은 "나는 정의를 갖고 정당하게 사업을 하고 빚을 갚고 정당한 노동 임금을 줄 것입니다. 나는 정의를 취하고 당신의 그리스도는 취하지 않습니다"고 말합니다. 그러면 당신은 실패자입니다. 정의를 불러일으키신 분이 그리스도이신데, 왜 정의는 취하고 그리스도는 내쫓아 버리십니까?

I take purity and wrap it up with Jesus and say, "Here, take this." You say, "I will take the principle purity but not the person Jesus Christ." Then you are lost, for it is Christ that saves, not the principle of purity. "One thing thou lackest," the person Jesus.

나는 정결을 취하고 그것에 예수로 감싸고, "여보시오, 이것을 가져가시오"라고 말합니다. 당신은 "나는 정결의 원리를 취하지만 예수 그리스도 그 분은 아닙니다." 그럼 당신은 실패자입니다. 왜냐하면 구원하시는 분은 그리스도이지 정결의 원리가 아니기 때문입니다. '당신이 가장 부족한 것은' 예수님 그 분입니다.

Other religions have preached good things, but they have no Savior who can take these things and implant them in the human heart and make them grow. All other religions are built around principles, but the Christian religion is built around a person Jesus Christ, the Son of God, our Savior. Every other religion on earth is a religion you must keep, but the Christian religion saves you, keeps you, and presents you fautless before his throne.

다른 종교들은 좋은 것들을 설교하지만, 사람들의 마음에 심어 자라게 할 수 있는 구세주는 없습니다. 다른 모든 종교들은 원리를 중심으로 세워진 것이지만, 기독교는 예수 그리스도, 하나님의 아들, 우리 구세주를 중심으로 세워졌습니다. 지구상의 다른 모든 종교는 당신이 지탱해 주어야 할 종교이지만, 기독교는 당신을 구원하고 지키고 흠 없이 그의 보좌 앞에 나아가게 합니다.

Oh, Christians! Have you any scars to show that you have fought in this conflict with the devil? When a war is over, heroes have scars to show; one rolls back his sleeve and shows a gunshot wound; another pulls down his collar and shows a wound on the neck another says, "I never had use of that leg since Gettysburg" another says, "I was wounded and gassed at the Marne in France." Christ has scars to show scars in his brow, on his hands, on his feet, and when he pulls aside his robes of royalty, there will be seen the scar on his side.

오, 그리스도인들이여! 마귀들과의 투쟁에서 싸운 것을 보여 줄 어떤 상처를 갖고 있습니까? 전쟁이 끝나면 영웅들은 보여 줄 상처가 있습니다. 어떤 이는 소매를 잡아 올려 총 맞은 상처를 보여 줍니다. 다른 이는 옷깃을 내려 목에 있는 상처를 보여 줍니다. 어떤 이는 "게티즈버그 전쟁 이후 이 다리를 사용하지 못했습니다"라고 말합니다. 어떤 이는 "나는 프랑스의 만이라는 도시에서 다쳤고 가스 중독이 되었습니다"고 말합니다. 그리스도는 보여 줄 상처가 있습니다. 이마의 상처, 손의 상처, 발의 상처 등, 그리고 그의 왕복을 벗을 때 옆구리의 상처를 볼 것입니다.

13. Food for a Hungry World (Matthew 14:16)
굶주린 세상을 위한 양식 (마태복음 14:16)

## 14. Sinners in the Hands of an Angry God (Deuteronomy 32:35)
### 진노하시는 하나님의 손에 있는 죄인들 (신명기 32:35)

**Jonathan Edwards | 조나단 에드워즈**

조나단 에드워즈(AD 1703-1758)는 청교도 복음주의 집안에서 태어나 예일 대학에서 수학했다. 그는 영국 경험주의와 유럽 대륙 이성주의가 신대륙에 유입되는 과정에서 새로운 학문에 빠지게 되었고, 교회 안에서의 갈등과 논쟁, 즉 정통 칼빈주의와 자유주의 운동 사이에서 신앙적 견해를 넓혀 나갔다. 칼빈주의에 기초를 둔 그의 신앙을 새로운 방법으로, 즉 뉴턴의 물리학과 로크의 심리학, 샤프테스베리의 심미학, 그리고 니콜라스의 도덕철학을 사용하며 변호했다. 1726년부터 1750년까지 매사추세츠 노샘프턴에서 가장 크고 가장 영향력 있는 목회를 했다. 대각성운동 시대에서 큰 일익을 담당한 부흥사이기도 하다.

The expression that I have chose for my text, "Their foot shall slide in due time," seems to imply the following things, relating to the punishment and destruction that these wicked Israelites were exposed to.

내가 본문에 맞게 "그들이 그 때에 실족할 것이니라"라고 택한 제목은 악한 이스라엘 백성들이 받게 되었던 형벌과 멸망에 관련된 것으로 다음과 같은 사건들을 의미하고 있습니다.

They were always exposed to destruction, as one that stands or walks in slippery places is always exposed to fall. This is implies in the manner of their destruction's coming upon them, being represented by their foot's sliding. The same is expressed, Psalm 73:18. "Surely thou didst set them in slippery places; thou cast them down into destruction."

미끄러운 곳에 서 있거나 걸어가는 사람은 항상 넘어지게 되는 것처럼, 그들은 항상 멸망 받을 상태에 놓여 있었습니다. 그들의 발이 실족한다고 하는 표현으로 그들에게 다가오는 멸망의 양태를 암시하고 있습니다. 같은 말씀이 시편 73편 18절에 표현되어 있습니다. "주께서 참으로 저희를 미끄러운 곳에 두시며 파멸에 던지시니".

It implies that they were always exposed to sudden unexpected destruction. As he that walks in slippery places is every moment liable to fall; he can't foresee one moment whether he shall stand or fall the next; and when he does fall, he falls at once, without warning.

이 말씀은 그들이 항상 갑작스럽게 예기치 않는 멸망에 노출되어 있음을 의미합니다. 미끄러운 곳을 걸어가는 사람은 매 순간 넘어지기 쉬운 것처럼, 그는 서 있을지 혹은 넘어질지, 언제 넘어질지, 경고 없이 당장 넘어질지 한순간도 예측할 수 없습니다.

Another thing implied is that they are liable to fall of themselves, without being thrown down by the hand of another. As he that stands or walks on slippery ground, needs nothing but his own weight to throw him down. The reason why they are not fallen already, and don't fall now, is only that God's appointed time is not come. For it is said, that when that due time, or appointed time comes, their foot shall slide.

또 다른 뜻은 다른 사람의 손에 의해 넘어지는 것이 아니라 그들 스스로 넘어지기 쉽다는 것입니다. 미끄러운 땅에 서 있거나 걸어가는 사람은 자신의 몸무게가 자신을 넘어지게 하는 것처럼 말입니다. 그들이 아직 넘어지지 않은 이유, 지금 넘어지지 않은 이유는 하나님이 정하신 때가 아직 오지 않았기 때문입니다. 말씀하시기를, 그때가 오면 또는 정한 때가 오면 그들의

14. Sinners in the Hands of an Angry God (Deuteronomy 32:35)
진노하시는 하나님의 손에 있는 죄인들 (신명기 32:35)

발이 미끄러질 것입니다.

The observation from the words that I would now insist upon is this. There is nothing that keeps wicked men, at any one moment, out of hell. There is no want of power in God to cast wicked men into hell at any moment. Men's hands can't be strong when God rises up: The strongest have no power to resist him, not can any deliver out of his hands. He is not only able to cast wicked men into hell, but he can most easily do it.

내가 지금 주장하고 있는 말씀을 통해 관찰한 것은 바로 이것입니다. 악한 사람은 어느 순간이라도 지옥에서 빠져 나올 수 있는 길이 없습니다. 악한 사람을 지옥으로 보내는데 하나님의 능력은 부족하지 않습니다. 하나님께서 일어서실 때 인간의 손은 강할 수 없습니다. 아무리 강한 사람이라도 그를 저지할 수 없으며, 그의 손에서 구출될 수 없습니다. 그는 악한 자들을 지옥으로 던져 버릴 수 있을 뿐 아니라 아주 쉽게 그렇게 할 수 있습니다.

They deserve to be cast into hell; so that divine justice never stands in the way, it makes no objection against God's using his power at any moment to destroy them. Yea, on the contrary, justice calls aloud for an infinite punishment of their sins.

그들은 지옥에 들어가야 마땅합니다. 그래서 신의 정의가 결코 말씀을 방해할 수 없습니다. 어느 순간에도 그들을 멸망시키는 데 하나님이 그의 능력을 사용하는 것을 반대할 수 없습니다. 그렇습니다. 오히려 정의는 그들의 죄를 처벌하라고 큰 소리로 요구하고 있습니다.

They are now the objects of that very same anger and wrath of God that is expressed in the torments of hell: and the reason why they don't go down to hell at each moment, is not because God is not then very angry with them. The Devil stands ready to fall upon them and seize them as his own. They belong to him he has their souls in his possession, and under his dominion.

그들은 지금 '지옥의 고통'으로 표현하는 하나님의 분노와 진노의 대상입니다. 그들이 지옥에 들어가지 않는 이유는 하나님이 그때 그들에게 진노를 발하시지 않기 때문이 아닙니다. 마귀는 이미 그들을 엄습하여 자기의 것으로 붙잡아 두고 있습니다. 그러면서도 그들은 하나님께 속해 있습니다. 하나님은 그들의 영혼을 그의 소유로 갖고 계시며 그의 주권 아래 두고 있습니다.

There are in the souls of wicked men those hellish Principles reigning, that would presently kindle and flame out into hell fire, if it were not for God's restraints. There is laid in the very nature of carnal men a foundation for the torments of hell.

14. Sinners in the Hands of an Angry God (Deuteronomy 32:35)
진노하시는 하나님의 손에 있는 죄인들 (신명기 32:35)

악한 자들의 영혼 속에는 악한 정사들이 군림하고 있습니다. 하나님의 저지가 없다면 지금이라도 지옥불을 당겨 불타게 할 것입니다. 세속적인 사람의 본바탕에는 지옥의 고통을 받는 기초가 놓여 있습니다.

Natural men's prudence and care to preserve their own lives, or the care of others to preserve them, don't secure 'em a moment. This divine providence and universal experience does also bear testimony to. There is this clear evidence that men's own wisdom is no security to them form death.

자연인들이 자신의 삶을 보존하기 위해 신중히 하고 조심을 해도, 자신들을 보존하기 위해 다른 사람들을 돌봐 줄지라도, 한순간도 자신들의 안전을 보장할 수 없습니다. 이런 하나님의 섭리와 우주적 경험은 이것을 증명하고 있습니다. 인간 자신의 지혜가 그들을 죽음으로부터 안전하게 할 수 없다는 분명한 증거가 있습니다.

All wicked men's pains and contrivance they use to escape hell, while they continue to reject Christ, and so remain wicked men, don't secure 'em from hell one moment. Almost every natural man that hears of hell, flatters himself that he shall escape it; he depends upon himself for his own security.

모든 악한 자들은 그리스도를 계속 거절하면서 자신들의 수고와 모략을 이용해 지옥을 피하려고 합니다. 그래서 계속 악한 자로 남아 있으며, 한순간도 지옥에서 벗어나지 못합니다. 지옥에 대해 들었던 대부분의 자연인들은 자신들이 지옥을 피할 것이라고 장담하고 있습니다. 그들은 자신의 안전을 위해 자신을 의존합니다.

God certainly has made no promises either of eternal life, or of any deliverance or preservation from eternal death, but what are contained in the covenant of grace, the promises that are given in Christ, in whom all the promises are "yea" and "amen".

분명히 하나님은 영원한 생명에 대해 약속하지 않으셨으며, 영원한 죽음으로부터 구출하시거나 보호를 약속하시지 않았습니다. 그러나 은혜의 언약에 담겨 있는 것들, 즉 그리스도 안에서 주어진 약속들과 그분 안에 있는 모든 약속들은 "예"로, "아멘"이라고 말할 수 있습니다.

Your wickedness makes you as it were heavy as lead, and to tend downwards with great weight and pressure towards hell; and if God should let you go, you would immediately sink and swiftly descend and plunge into the bottomless gulf, and your healthy constitution, and your own care and prudence, and best contrivance, and all your righteousness, would have no more influence to uphold you and keep you out of hell, than a spider's web would have to stop a falling rock.

14. Sinners in the Hands of an Angry God (Deuteronomy 32:35)
진노하시는 하나님의 손에 있는 죄인들 (신명기 32:35)

당신의 악함은 당신을 납처럼 무겁게 만들며, 지옥을 향해 커다란 무게와 압력으로 내려가게 합니다. 만일 하나님이 가도록 허락하신다면 당신은 즉시 가라앉게 되고, 신속히 밑바닥 없는 심해에 빠져 버릴 것입니다. 그리고 당신의 건강한 본질, 관심, 신중, 최선의 계획, 모든 의로움은 마치 거미집이 떨어지는 바위를 멈추게 못하는 것과 같이 당신을 지탱하고 지옥에 떨어지지 않게 지켜 주는 데 아무런 영향력을 발휘할 수 없습니다.

The bow of God's wrath is bent, and the arrow made ready on the string, and justice bends the arrow at your heart, and strains the bow, and that of an angry God, without any promise or obligation all, that keeps the arrow one moment from being made drunk with your blood.

하나님의 진노의 활은 구부러져 있고 화살은 이미 줄에 닿아 있습니다. 정의는 화살을 당신의 가슴을 향해 구부리게 하고 활을 팽팽하게 합니다. 성난 하나님의 활은 어떤 약속이나 책임 없이 한순간도 당신의 피로 취하지 않게 화살을 지키고 있습니다.

O Sinner! Consider the fearful danger you are in: it's a great furnace of wrath, a wide and bottomless pit, full of the fire of wrath, that you are held over in the hand of that God, whose wrath is provoked and incensed as much against you as against many of the damned in hell:

오 죄인들이여! 당신이 처해 있는 무서운 위험을 생각해 보십시오. 그것은 진노의 불이 가득하며 넓고 밑바닥 없는 구덩이입니다. 당신은 하나님의 손에 잡혀 있는데, 그의 분노는 지옥에 있는 저주받은 많은 사람들에게 향한 것처럼 여러분을 향하여서도 강력하게 불타고 있습니다.

You hang by a slender thread, with the flames of divine wrath flashing about it, and ready every moment to singe it, and burn it asunder; and you have no interest in any mediator, and nothing to lay hold of to save yourself, nothing to keep off the flames of wrath, nothing of your won, nothing that you ever have done, nothing that you can do, to induce God to spare you one moment.

당신은 가느다란 실에 매달려 있으며, 그 가느다란 실 주위에 하나님의 진노의 불꽃이 타오르고 있습니다. 어느 순간에도 불을 붙여 태워 버릴 준비가 되어 있습니다. 당신은 한순간이라도 살려 달라고 설득할 수 있는 어떤 중보자에 대해 관심이 없습니다. 당신을 구원하여 붙잡아 줄 것이 없으며, 진노의 불길을 꺼줄 것이 없으며, 당신 자신의 것이 없으며, 당신이 지금까지 한 것이 없으며, 당신이 할 수 있는 것이 없습니다.

Therefore let every one that is out of Christ, now awake and fly from the wrath to come. The wrath of Almighty God is now undoubtedly hanging over great part of this congregation: let every one fly out of Sodom: haste and escape for your lives, look not behind

14. Sinners in the Hands of an Angry God (Deuteronomy 32:35)
진노하시는 하나님의 손에 있는 죄인들 (신명기 32:35)

you, escape to the mountain, least you be consumed.

　그러므로 그리스도 밖에 있는 모든 사람들은 지금 깨어서 다가올 진노로부터 피할 준비를 하십시오. 전능하신 하나님의 진노는 지금 분명히 이 회중의 많은 사람들 위에 감돌고 있습니다. 모든 사람들은 소돔으로부터 피하도록 하십시오. 당신의 삶을 위해 서둘러 피하십시오. 뒤를 돌아보지 말고, 불타지 않게 산으로 피하십시오.

# 15. Justification by Faith (Romans 5:1)
### 이신칭의 (로마서 5:1)

**Charles H. Spurgeon** | 찰스 스펄전

찰스 스펄전(AD 1834-1892)는 회심한 지 4년 후, 20세의 나이에 런던의 유명한 교회인 뉴파크 스트리트 교회의 목사가 되었다. 회중들이 많이 증가하자 엑스터홀로 이전하여 예배를 드렸는데, 이곳도 얼마 후 증가하는 성도들을 수용할 수 없게 되어 새로운 교회 건물을 건축했다. 매 주일 런던에 있는 6천 석의 메트로폴리턴 태버너클에 입추의 여지없이 성도들로 가득 채웠다. 영혼을 사랑하는 그의 정열적인 설교는 수많은 사람들에게 감동을 주었다. 그의 설교는 매주 발간되었는데, 1854년부터 1917년까지 1억 편이 팔렸다. 그의 설교집은 모아서 67권의 책으로 편집되었다. 그는 침례교 목사였으며, 존 번연과 조나단 에드워즈의 영향을 받은 설교자였다.

We desire this evening not to preach upon this text as a mere matter of doctrine. You all believe and understand the gospel of justification by faith, but we want to preach upon it tonight as a matter of experience, as a thing realized, felt, enjoyed, and understood in the soul.

오늘 저녁 이 본문을 가지고 그저 교리적인 차원에서만 설교하지 않기를 원합니다. 여러분 모두는 이신칭의의 복음을 믿고 이해합니다. 그러나 오늘 저녁 이 본문으로 경험의 문제, 즉 영혼 가운데 실현되고, 느끼고, 즐기고, 이해된 하나의 사건으로 설교하기를 원합니다.

I trust there are many here who not only know that men may be saved and justified by faith, but who can say in their own experience, "Therefore, being justified by faith, we have peace with God, through our Lord Jesus Christ"(Rom. 5:1), and who are now at the present moment walking and living in the actual enjoyment of that peace.

믿음으로 구원받고 의롭다함을 얻는 것을 알고 있을 뿐 아니라 자신들의 경험을 말할 수 있는 사람들이 여기에 많이 있다고 믿습니다. "그러므로 우리가 믿음으로 의롭다함을 얻었은 즉 우리 주 예수 그리스도로 말미암아 하나님으로 더불어 화평을 이루자"(롬 5:1). 그리고 지금 이 순간에도 화평의 실제적 즐거움을 누리는 사람들이 많다고 믿습니다.

The first discovery that a man is led by the Spirit of God to make before he is justified is, that it is important to be justified in the sight of God. Many people do not know this. You shall step into a shop this evening, and find a man at the counter, and you say to him, "Well, do you never go to a place of worship?" "No," he would say, "but I am quite as good as those who do."

하나님의 성령으로 인도함을 받은 사람이 의롭다함을 얻기 전에 알게 되는 첫번째 발견은 하나님의 관점에서 의롭다함을 얻는 것이 중요하다는 것입니다. 많은 사람들은 이것을 모릅니다. 여러분이 오늘 저녁 가게에 들어가서 계산대에 있는 사람을 보고 말합니다. "저, 당신은 한 번도 예배 처소에 가지 않습니까?" "예, 하지만 저는 예배 드리러 가는 사람만큼 좋습니다"라고 말할 것입니다.

"How so?" "Well, I am a great deal better than some of them." "How is that?" "Well, I never failed in business; I never duped people in a limited liability company; I never told lies; I am no thief; I am not a drunkard; I am as honest as the days are long in the middle of June; and that is more than you can say of some of your religious people."

"어떻게 그렇습니까?" "그들 중 몇몇 사람들보다 제가 훨씬 훌륭합니다." "어떻게 그렇습니까?" "저, 저는 사업에 실패한 적이 없습니다. 저는 회사

15. Justification by Faith (Romans 5:1)
이신칭의 (로마서 5:1)

사람들을 속인 적도 없습니다. 저는 도둑이 아닙니다. 저는 술주정뱅이가 아닙니다. 저는 6월 중순의 긴 낮처럼 정직합니다. 저의 생활은 여러분 중 어떤 신앙인들에 대해 말할 수 있는 것보다 더 훌륭할 것입니다."

Now, that man has got a hold of one part of a good man's character. There are two parts, but he can only see one, namely, that man is to be just to man. He sees that, but he does not see that man is to be also just to God. And yet if that man were really to think a little while, he would see that the highest obligations of a creature must be, not to his fellow-creatures, but to his Creator, and that, however just a man may be to another man, yet if he be altogether unjust to God, he cannot escape without the severest penalty.

그 사람은 좋은 사람의 성격 중 한 부분을 가지고 있습니다. 그는 한 부분만 다시 말하자면, 단지 사람에게 의로워야 한다는 것을 알 뿐입니다. 그는 그것만 알 뿐 사람이 하나님에게도 의로워야 한다는 것을 알지 못합니다. 만일 그 사람이 잠시 동안이라도 생각했다면 피조물의 최고의 의무가 동료 피조물들에 대한 것이 아니라 그의 창조자에 대한 것임을 알 것입니다. 아무리 인간이 다른 인간에게 의롭다 하더라도 하나님께 전혀 의롭지 않다면 그는 가장 심한 형벌을 모면할 수 없습니다.

Now, I think that everyone here who will but put his fingers to his brow for a moment and think, that he will see that, even though a man may go before the bar of his country, and say before any judge or jury, "I have in nothing injured my fellow-man; I am just before men," yet it does not make the man's character perfect. Unless he is also able to say, "And I am also just before the presence of the God who made me, and whose servant I am." he has only kept one half, and that the less important, of God's law for him.

여기에 있는 모든 사람들이 잠시 손가락을 이마에 대고 생각해 본다면, 어떤 사람이 자기 나라의 법정에 서서 판사나 배심원 앞에서 "저는 동료에게 상처를 주지 않았습니다. 저는 사람 앞에 의롭습니다"라고 말할지라도 이 증언이 아직 그 사람의 성격을 완전하게 보여 주는 것이 아님을 알 것입니다. 만일 그가 "그리고 저는 또한 저를 창조하신 하나님의 임재 앞에서도 의롭습니다. 저는 그의 종입니다"라고 말할 수 없다면, 그는 하나님의 법에 대해 단지 반쪽만, 즉 그를 위한 덜 중요한 부분만 간직하고 있는 것입니다.

The next thing is this. A man, when the Spirit of God is bringing him to Christ, discovers that his past life has been marred badly, by serious offences against the law of God. Before the Spirit of God comes into our soul, we are like being in a room in the dark: we cannot see in it. We cannot discover the cobwebs, the spiders, the foul and loathsome things that may be lurking there.

그 다음은 이렇습니다. 하나님의 성령이 어떤 사람을 그리스도께로 인도할 때, 그는 자신의 과거가 하나님의 법에 대항하여 심각하게 위반하므로 나쁘게 망쳐졌음을 발견하게 됩니다. 하나님의 성령이 우리 영혼 속에 들어오시기 전에 우리는 어두운 방 안에 있는 것 같습니다. 우리는 그 안에서 볼 수 없습니다. 우리는 잠복하고 있을지도 모르는 거미줄, 거미들, 더럽고 기분 나쁜 것들을 발견할 수 없습니다.

But when the Spirit of God comes streaming into the soul, the man is astonished to find that he is what he is, and especially if he sits down and opens the book of the law, and, in the light of the divine Spirit, reads that perfect law, and compares with it his own imperfect heart and life.

그러나 하나님의 성령이 영혼 속으로 강물처럼 들어올 때 사람은 그의 그 됨을 발견하고 놀라게 됩니다. 특히 그가 앉아 율법서를 보게 된다면 성령의 조명 안에서 완전한 법을 읽고 그 법과 자신의 불완전한 마음과 삶을 비교한다면 놀라게 될 것입니다.

Then there comes another discovery, namely, that consequently it is utterly impossible for us to hope that we ever can be just before God, on the footing of our own doing. We must give it up now, as an utterly lost case.

또 다른 발견을 하게 되는데, 우리의 행동에 근거하여 우리가 하나님 앞에 의로울 수 있으리라는 희망은 절대로 불가능한 일입니다. 우리는 지금 바로 모든 것이 완전히 죽은 것처럼 그것을 내려놓아야 합니다.

The past is past: that can never be by us blotted out, and the present, inasmuch as we are weak through the flesh, is not much better than the past; and the future, notwithstanding all our fond hopes of improvement, will probably be none the better, and so salvation by the works of the law becomes to us a dreary impossibility.

과거는 과거입니다. 결코 지워 버릴 수 없습니다. 우리가 육신으로 약한 상태에 있는 한, 현재는 과거보다 더 좋지 않습니다. 미래는 나아질 것이라는 우리의 소망에도 불구하고 더 좋아지지 않을 것입니다. 그러므로 율법의 행위로 구원받는 것은 우리에게는 불가능 합니다.

Let us notice one more preliminary discovery. A man suddenly discovers that, inasmuch as he is not just before God, and cannot be, he is at the present moment under condemnation. If you are not just before God, you are condemned at this very moment. You are not executed, it is true, but the condemnation has gone forth against you, and the sign that it is so is your unbelief, for "He that believeth not is condemned already, because he hath not believed on the Son of God."

15. Justification by Faith (Romans 5:1)
이신칭의 (로마서 5:1)

추가로 발견한 한 가지를 더 주목해 봅시다. 사람이 하나님 앞에 의롭지 않고 의로울 수 없는 한, 그는 현재 정죄 아래 있습니다. 하나님은 죄에 대해 무관심할 수 없습니다. 만일 여러분이 하나님 앞에 의롭지 않다면 여러분은 이 순간에 정죄 받고 있는 것입니다. 여러분은 죽임을 받지 않았고 그것이 사실이지만, 정죄함이 여러분에게 다가왔습니다. 그 증거는 여러분의 불신앙입니다. "믿지 않는 자는 이미 정죄 받았으니 이는 하나님의 아들을 믿지 않았음이라."

It is a blessed thing never to muddle in your head the doctrine of working, and the doctrine of receiving by grace, for there is an essential and eternal difference between the two. I hope you all know that there can be no mixing of the two. If we are saved by grace, it cannot be by our own merits, but if we depend upon our own merits, then we cannot appeal to the grace of God, since the two things can never be mingled together.

여러분의 머리에서 행위의 교리와 은혜로 얻은 교리를 혼동하지 않는 것은 복된 일입니다. 왜냐하면 둘 사이에는 본질적인, 영원한 상이점이 있기 때문입니다. 나는 여러분 모두가 두 가지가 결합할 수 없다는 것을 알기 원합니다. 우리가 은혜로 구원받았다면 그것은 우리 자신의 공로일 수 없습니다. 그러나 만일 우리가 우리 자신의 공로를 의지한다면 우리는 하나님의 은혜를 호소할 수 없습니다. 왜냐하면 이 두 가지는 서로 결합할 수 없기 때문입니다.

It must be all works or else all grace. Now, God's plan of salvation excludes all our works. "Not of works, lest any man should boast." It comes to us upon the footing of grace, pure grace alone.

전적인 공적 혹은 전적인 은혜이어야 합니다. 구원에 관한 하나님의 계획은 우리의 행위를 제외합니다. "행위가 아니니 어떤 사람도 자랑치 못하게 함이라." 구원에 관한 하나님의 계획은 우리를 은혜의 근거로 오직 순수한 은혜로 이끕니다.

Jesus, the Son of God, has appeared in the flesh, has lived a life of obedience to God's law, and he humbled himself and became obedient unto death, even the death of the cross, and our Saviour's life and death make up a complete keeping and honoring of that law which we have broken and dishonoured, and God's plan is this:

하나님의 아들이신 예수께서 육신으로 나타나셨으며, 하나님의 법을 순종하는 삶을 사셨습니다. 그는 겸손하셨고 죽기까지, 심지어 십자가에서 죽기까지 순종하셨습니다. 우리 구세주의 삶과 죽음은 인간이 깨뜨렸고, 불경한 법을 철저히 지키고 존경했습니다. 하나님의 계획은 다음과 같습니다.

"I cannot bless you for your own sakes, but I will bless you for his sake; and now, looking at you through him, I can bless you though you deserve it not; I can blot out your sins like a cloud, and cast your iniquities into the depths of the sea; you have no merits, but he has boundless merits; you are full of sin and must be punished, but he has been punished instead of you, and now I can deal with you."

"나는 너를 위하여 복을 줄 수 없지만 그를 위해 너에게 복을 줄 것이다. 그를 통하여 너를 봄으로, 네가 받을 자격이 없을지라도 복을 줄 수 있다. 나는 구름 같은 너희 죄를 지워버릴 수 있고 너의 허물을 바다의 심원 속에 던져버릴 수 있다. 너희는 공로가 없지만 그는 공로가 많다. 너희는 죄로 가득 차 벌을 받아야 하지만 그는 너희 대신 벌을 받았다. 지금 나는 너희를 취할 수 있다."

And this, I say, is through trusting, or believing. God's way of your getting connection with Christ is through your reliance upon him. "Therefore, being justified" – how? Not by works; that is not the link, but "being justified by faith, we have peace with God through our Lord Jesus Christ."

이것은 신뢰 혹은 믿음을 통해 이루어진 것입니다. 여러분이 그리스도와 관계를 맺는 하나님의 방법은 그를 의지함으로 된 것입니다. "그러므로 의롭다함을 얻으리라." 어떻게 말입니까? 행위가 아닙니다. 연결점이 아닙니다. 그러나 "믿음으로 의롭다함을 얻었으니 우리 주 예수 그리스도를 통하여 우리는 하나님과 평화를 얻었느니라."

Do you know this? Have you been taught this by the Spirit of God? Perhaps you learned it in the Assembly's Catechism when you were but children: you have learned it in the various classes since then, but do you know it in your own soul, and do you know that God's way of salvation is through a simple dependence upon his dear Son? Do you so know it that you have accepted it, and that you are now resting upon Jesus?

여러분은 이것을 아십니까? 여러분은 하나님의 성령으로 가르침을 받았습니까? 아마도 여러분은 어릴 때 총회의 교리 문답에서 배웠을 것입니다. 그 후 여러분은 여러 학습에서 그것을 배웠습니다. 그러나 그것을 여러분 영혼 속에서 알고 있습니까? 하나님의 구원의 방법은 단순히 그의 사랑하는 아들을 의지함으로 된다는 것을 아십니까? 여러분은 그것을 영접했다는 사실을 알고 있으며, 지금 예수님을 의지하며 있음을 알고 있습니까?

"Being justified." The text tells us that every believing man is at the present moment perfectly justified before God. Adam could talk with God because he was pure from sin, and we also have access with boldness unto God our Father because, through Jesus' blood, we are clean. Now, I do not say that this is the privilege of a few eminent saints, but here I look around these pews and see my brethren and sisters—scores and hundreds of them—all of whom are tonight just before God—perfectly so; completely so.

"의롭다함을 얻으리니." 본문은 모든 믿는 자들을 현재 하나님 앞에 의롭다함을 얻었다고 우리에게 말합니다. 아담은 죄로부터 깨끗하므로 하나님과 이야기할 수 있었습니다. 우리도 예수님의 의로 깨끗해졌으므로 하나님 우리 아버지께 담대하게 나갈 수 있습니다. 지금 나는 이것이 소수의 훌륭한 성인들의 특권이라고 말하지 않습니다. 그러나 나는 여기에서 교회 의자들을 돌아보고 수십 명의 형제자매, 수백 명의 형제자매를 보고 있습니다. 모두 다 오늘 밤 하나님 앞에 완전하게 의롭고 완벽하게 의롭습니다.

The man may have been everything that was bad before he believed in Jesus, but as soon as he trusted Christ, the merits of Christ became his merits, and he stands before God as though he were perfect, "without spot, or wrinkle, or any such thing," through the righteousness of Christ.

매우 의롭기 때문에 그들은 의롭다함 외에는 있을 수 없습니다. 사람이 예수를 믿기 전에 온갖 나쁜 짓을 했을지라도 그가 예수를 믿자 곧 그리스도의 공로가 그의 공로가 되었고, 그는 예수 그리스도의 의를 통하여 "점도 흠도 그 어떤 것도 없이" 완전한 것처럼 하나님 앞에 서 있습니다.

"Being justified by faith." The way of reaching this state of justification is not by tears, nor prayers, nor humbling, nor working, nor Bible-reading, nor church-going, nor chapel-going, nor sacraments, nor priestly absolution, but by faith, which faith is a simple and utter dependence and believing in the faithfulness of God, a dependence upon the promise of God, because it is God's promise, and is worthy of dependence. It is a reliance with all our might upon what God has said. This is faith, and every man who possesses this faith is perfectly justified tonight.

"믿음으로 의롭다함을 얻으리니." 의롭다함의 상태로 나아가는 방법은 눈물로도, 기도로도, 겸손으로도, 선행으로도, 성경 읽기로도, 교회 출석으로도, 채플 출석으로도, 성례로도, 고해성사로도 안 되지만, 믿음으로만 됩니다. 그 믿음은 하나님의 신실하심을 단순하게, 그리고 철저하게 의지하면서 믿는 것이며, 하나님의 약속을 의지하는 것입니다. 왜냐하면 하나님의 약속이며 의지할 가치가 있기 때문입니다. 믿음은 우리의 힘을 다해 하나님이 말씀하신 것을 의지하는 것입니다. 이것이 믿음입니다. 이 믿음을 가진 사람은 오늘 밤 완전하게 의롭게 될 것입니다.

I know what the devil will say to you. He will say to you, "You are a sinner!" Tell him you know you are, but that for all that you are justified. He will tell you of the greatness of your sin. Tell him of the greatness of Christ's righteousness. He will tell you of all your mishaps and your back sliding, of your offences and your wanderings. Tell him, and tell your own conscience, that you know all that, but that Jesus Christ came to save sinners, and that, although your sin be great, Christ is quite able to put it all away.

15. Justification by Faith (Romans 5:1)
이신칭의 (로마서 5:1)

마귀가 여러분에게 무엇을 말할지 나는 압니다. 그는 여러분에게 "너는 죄인이다"라고 말할 것입니다. 여러분이 죄인이라는 것을 알고 있다고 마귀에게 말하십시오. 그러나 그럼에도 불구하고 여러분은 의롭다고 말하십시오. 마귀는 여러분의 죄가 크다고 말할 것입니다. 그에게 그리스도의 의가 위대하다고 말하십시오. 마귀는 여러분의 모든 불행, 타락, 범죄, 방황을 말할 것입니다. 그에게 여러분의 양심을 말하고 모든 것을 안다고 말하십시오. 그러나 예수 그리스도께서 죄인을 구하러 오셨고, 여러분의 죄가 클지라도 그리스도께서 모두 없애버릴 수 있다고 말하십시오.

You get a mingle-mangle kind of faith. You trust in Christ as though you thought Christ could do something for you, and you could do the rest. I tell you that while you look to yourselves, you do not know what faith means.

여러분은 혼합된 믿음을 갖고 있습니다. 여러분은 그리스도께서 여러분을 위해 어떤 것을 할 수 있지만, 나머지는 여러분들이 할 수 있다고 생각하는 것처럼 그리스도를 믿고 있습니다. 나는 여러분이 자신을 보는 동안 믿음이 무슨 의미인지 모른다고 말씀드리고 있습니다.

You must be convinced that there is nothing good in yourselves; you must know that you are sinners, and that in your hearts you are as big and as black sinners as the very worst and vilest, and you must come to Jesus, and leave your fancied righteousness, and your pretended goodnesses behind you.

여러분은 자신 안에 선한 것이 없다는 것을 확신해야 합니다. 여러분이 죄인이라는 것을 알아야 합니다. 여러분은 가장 나쁘고 악독한 자 같이 크고 검은 죄인이라는 것을 알아야 합니다. 예수님께로 와야 합니다. 망상에 사로잡힌 의, 속이는 선을 뒤로 하고 떠나야 합니다.

Have you got that it is through faith we are justified? If so, I shall conduct you just one step farther, namely, to observe that "we are justified by faith through our Lord Jesus Christ." We are justified by faith, but not by faith of itself. Faith in itself is a precious grace, but it cannot in itself justify us. It is "through our Lord Jesus Christ."

우리가 의롭다함을 받은 것이 믿음을 통해서라는 사실을 알았습니까? 그렇다면 여러분을 한 단계 더 인도하겠습니다. 말씀드리자면 "우리는 우리 주 예수 그리스도를 통한 믿음으로 의롭다함을 얻었습니다." 우리는 믿음으로 의롭다함을 얻었지만, 믿음 그 자체로는 아닙니다. 믿음 그 자체는 귀한 은혜이지만, 믿음 그 자체가 우리를 의롭게 할 수는 없습니다. 그 믿음은 "우리 주 예수 그리스도를 통한" 믿음입니다.

"We have peace with God." I know that this may seem a trifle to thoughtless people, but not to those who think. I cannot say that I sympathize with those people who shut their eyes to the beauties of nature. I have heard of good men travelling through fine scenery, and shutting their eyes for fear they should see.

"우리는 하나님과 평화를 누리고 있습니다." 이 말씀이 사고력이 없는 사람들에게는 하찮게 보이지만 사고하는 사람들에게는 그렇지 않습니다. 내가 자연의 아름다움에 눈을 감는 사람들과 공감한다고 말할 수 없습니다. 아름다운 풍경을 따라 여행하면서 그들이 보는 것이 두려워 눈을 감는다고 하는 선량한 사람들에 대해 들었습니다.

I always open mine as wide as ever I can, because I think I can see God in all the works of his hands. Surely there must be something to see in a man's works if he be a wise man; and there must be something worth seeing in the works of God, who is all-wise. Now, it is a delightful thing to say, when you look upon a landscape, lit up with sunlight and shaded with cloud, "Well, my Father made all this; I never saw him, but I do delight in the work of his hands; he made all this, and I am perfectly at peace with him."

나는 항상 할 수 있는 한 크게 눈을 뜹니다. 왜냐하면 그의 손으로 만드신 작품에서 하나님을 볼 수 있다고 생각하기 때문입니다. 만일 어떤 이가 지혜로운 사람이라면 분명히 인간의 작품에서 볼 만한 것이 있을 것입니다. 지혜가 무한하신 하나님의 작품에서 가치 있는 것이 있음에도 틀림없습니다. 여러분이 태양이 빛나고 구름으로 그늘진 풍경을 바라보면서 "자, 나의 아버지께서 이 모든 것을 창조하셨습니다. 나는 그를 본 적이 없지만 그의 손으로 만드신 작품을 기뻐합니다. 그는 이 모든 것을 만드셨으며, 나는 완전히 그와 함께 평화를 누립니다"라고 말하는 것은 기쁜 일입니다.

Then as you are standing there, a storm comes on. Big drops begin to fall. There is thunder in the distance. It begins to peal louder and louder. Presently there comes a lightning's flash. Now, those who are not at peace with God may go and flee away, but those who are perfectly at peace with him may stand there and say, "Well, it is my Father who is doing all this; that is his voice; the voice of the Lord, which is full of majesty." I love to hear my Father's voice. I am not afraid!

그 때 여러분이 거기에 서 있는데 폭풍이 옵니다. 커다란 물방울이 떨어지기 시작합니다. 멀리서 천둥이 칩니다. 천둥소리가 더 크게 더 크게 요란해지기 시작합니다. 얼마 있지 않아 번개가 번쩍합니다. 지금, 하나님과 평화를 누리지 못하는 사람은 도망가겠지만 그분과 완전한 평화를 누리는 사람은 거기에 서서 "좋지, 이 일을 하시는 분은 나의 아버지이시다, 이것은 그의 목소리이다, 위엄이 넘치시는 주님의 목소리이다"라고 말합니다. 나는 나의 아버지의 음성을 듣기를 사랑합니다. 나는 두렵지 않습니다.

Oh! I wish it were so with all present! It may be so if God the Spirit bring you to rest in Jesus. Nay, it shall be so, my dear friend; it shall be so with you tonight; though you never thought it would be when you came in here, yet you see it all now. It is simply believing, simply trusting.

오! 참석하신 모든 분들이 그렇게 되기를 원합니다. 성령 하나님이 그리스도 안에서 여러분에게 힘을 주신다면 그렇게 되기를 바랍니다. 나의 사랑하는 친구여, 그렇게 될 것입니다. 오늘밤 여러분에게 그렇게 될 것입니다. 여러분은 여기에 왔을 때 그렇게 될 것이라고 전혀 생각하지 않았을지라도 지금 여러분은 이 모든 것을 압니다. 오로지 믿는 것입니다. 오로지 신뢰하는 것입니다.

Oh! Believe him! Trust him, and it shall be the joy of your soul to have a peace with God which, as the world did not give you, so the world shall never take away, but you shall have it for ever and ever. God grant it to each one of us! Amen.

오! 그를 믿으십시오! 그를 신뢰하십시오! 하나님과 평화를 누리는 것은 여러분 영혼의 기쁨일 것입니다. 하나님과의 평화는 세상이 주지 않았으며, 또한 세상이 빼앗을 수 없는 것이며, 여러분이 영원히 누릴 평화입니다. 하나님이 우리 각자에게 평화를 주시기 바랍니다! 아멘.